KB214337

War of the Cryptocurrency

일 러 두 기

이 책에서는 블록체인 기술을 기반으로 한 디지털 화폐 또는 자산을 '가상화폐'로 통칭한다. 비트코인을 시작으로 새롭게 출현한 디지털 화폐를 어떤 명칭으로 부를 것인지는, 이들의 성격을 규명하는 일과 밀접한 관련이 있다. 이들을 화폐, 금이나 부동산과 같은 실물자산, 혹은 증권과 같은 금융자산 가운데 무엇으로 볼지에 따라 규제 방향이 달라진다. 이들의 이름과 성격을 규정하는 데는 많은 사회적 논의가 필요하며, 논의는 현재 진행형이다. 이 책에서는 일반적으로 많이 사용하는 가상화폐라는 명칭을 사용하기로 했다.

가상화폐, 가상통화, 암호화폐 가운데 필자가 선택한 명칭에는 '이들을 무엇으로 볼 것인지?'에 관한 필자의 생각이 반영된다. 따라서 필자가 특정한 성격을 염두에 두고 사용하는 명칭은 예외로 두고 통일하지 않았다.

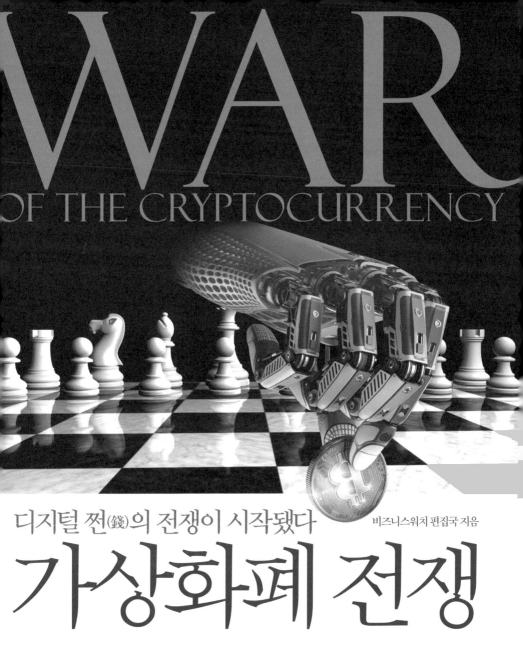

WAR
OF THE CRYPTOCURRENCY

디지털 쩐(錢)의 전쟁이 시작됐다

비즈니스워치 편집국 지음

가상화폐 전쟁

어바웃어북

비트코인이 점화한
가상화폐발(發) 화폐 전쟁

2017년은 대한민국에 가상화폐 열풍이 휘몰아친 해입니다. 2017년 초 1코인 당 100만 원대에 불과했던 비트코인 가격은 한 때 2500만 원까지 치솟았고, 2018년 들어 고점 대비 절반 이하로 떨어졌습니다.

가상화폐 가격이 급등락한 뒤에는 광풍에 가까운 투자 열기와 이를 막으려는 정부의 규제가 있었습니다. 가상화폐 투자에 너도 나도 뛰어들며 비이성적 과열이 발생하자 한국을 비롯해 전 세계가 가상화폐 규제 마련에 나선 것이지요. 아직 정의조차 불분명한 존재이지만 이런 일련의 과정들은 가상화폐가 거스를 수 없는 거대한 흐름임을 보여줍니다.

가상화폐 가격 급등락은 최초의 거품 경제로 꼽히는 튤립 버블(Tulip Bubble)에 비유됩니다. 17세기 황금기를 맞았던 네덜란드에서는 터키에서 수입된 튤립이 큰 인기를 끌었습니다. 귀족이나 신홍 부자는 물론 일반인 사이에서도 튤립 알뿌리를 사려는 사람이 넘쳐나자 거대한 거품이 형성됩니다. 그러다 어느 순간 팔겠다는 사람만 넘쳐나면서 거품은 꺼지고 말았습니다.

튤립 버블과 함께 또 다른 사례로 '미시시피 버블(Mississippi Bubble)'도 심심치 않게 거론됩니다. 1700년대 스코틀랜드의 경제학자이자 사업가인 존 로(John Law)는 휴대가 어려운 금이나 은 대신 일종의 보관증처럼 유통이 간편한 화폐 개념의 지폐를 만들어냅니다.

당시 존 로는 국가채무가 막대했던 프랑스에 이 새로운 화폐 도입을 건의해 승인을 받아냈고 금이나 은, 프랑스 국채를 가져오면 새로운 화폐로 바꿔주는 일반은행을 만듭니다. 사실상 최초의 중앙은행인 것이지요. 문제는 이 은행이 실제 교환이 가능한 것보다 더 많은 지폐를 만들어냈다는 것입니다.

이런 와중에 존 로는 프랑스 식민지였던 북미 지역을 개발하는 미시시피 회사를 사들이게 됩니다. 프랑스 정부로부터 무역독점권을 확보한 미시시피 회사로 투자 자금이 물밀듯 밀려들면서 회사 주가가 폭등합니다. 프랑스인들은 미시시피 회사 주식을 사기 위해 국채나 금을 화폐로 바꾸기 바빴고 1년 새 주가는 1900%나 치솟았습니다. 하지만 이번에도 거품은 꺼졌고, 과도한 지폐 발행은 엄청난 인플레이션을 불러왔습니다.

역사를 뒤흔든 과거의 버블에 가상화폐 열풍이 겹치지 않는다면 거짓말입니다. 다만 여기서 주목할 점은 튤립 버블과 미시시피 버블 모두 버블 붕괴로 그치지 않았다는 점입니다. 네덜란드는 영국에 경제 대국의 지위를 넘겨주는 불행을 겪었지만, 지금까지 튤립 강국으로 굳건하게 남아있습니다. 튤립 버블 덕을 일부 본 셈이지요.

반면, 미시시피 버블 이후에 프랑스인들은 한동안 거품을 일으킨 '은행'이나 '주식'이란 단어가 금기시될 정도로 치를 떨었습니다. 그러면서 프랑스는 금융 산업이 제대로 발달하지 못하고 상대적으로 뒤처지는 부작용을 겪었습니다.

한껏 가치가 부풀었다 쪼그라든 튤립이나 미시시피 회사처럼 가상화폐도 거품처럼 꺼지고 말 수 있습니다. 하지만 정부가 육성하려는 블록체인과 톱니바퀴처럼 맞물려 있다는 점도 부인할 수 없습니다. 가상화폐를 잘못 다뤘다간 가상화폐를 있게 한 블록체인 산업의 근간을 흔들 수 있다는 경고도 나옵니다.

지금의 가상화폐 열풍이 식어버린다 하더라도 어떻게 대처하느냐에 따라 역사가 바뀔 수 있습니다. 지금으로부터 20여 년 전, 인터넷에 월드와이드웹(WWW : World Wide Web) 기술이 도입되자 사명에 '닷컴(.com)'만 붙이면 기업 가치가 순식간에 급등하는 기현상이 나타났습니다. 한껏 부풀어 오른 거품은 끝내 터져버렸지만, 무위(無爲)로 돌아간 건 아닙니다. 아마존, 구글 같은 기업은 닷컴 버블 속에서 태어났습니다.

2008년 글로벌 금융위기 직후 등장한 비트코인은 전 세계를 지배해 온 글로벌 금융 시스템에 대한 반감, 불신, 분노를 기반으로 합니다. 가상화폐는 기존 화폐 전쟁 구도를 흔들어놨습니다. 가상화폐는 미국의 달러 패권뿐 아니라 중앙 집권형 통화 질서 자체를 부정하기 때문입니다. 은행이 필요 없는 가상화폐의 확산은 '은행의 종말'을 예고합니다. 지금 세계는 금융 패권을 놓고 그 어느 때보다 치열한 전쟁을 벌이고 있습니다.

가상화폐에 굳이 투자하지 않더라도 가상화폐가 무엇인지, 왜 갑자기 관심이 커지고 버블이 생겨나는지 짚고 넘어가야 하는 이유입니다.

비즈니스워치는 가상화폐 열풍의 끝, 혹은 시작에서 다양한 시각의 가상화폐 관련 콘텐츠를 마련해 한 권의 책으로 엮었습니다. 가상화폐와 블록체인의 관계, 투자 자산과 화폐 중 어디에 더 가까운지, 가상화폐 투자 시 어떻게 접근해야 하는지, 국내외 가상화폐 거래소 현황은 어떤지, 어떤 규제가 마련돼가고 있는지 속속들이 파헤쳤습니다.

가상화폐가 신기루냐 오아시스냐 다투는 동안, 가상화폐 이용자 혹은 투자자는 한 치 앞을 내다볼 수 없는 안갯속에 갇혔습니다. 암중모색(暗中摸索) 중인 이들에게 이 책은 든든한 안내자가 되어줄 것입니다.

비즈니스워치 편집국

Chapter 2 · 오늘부터 시작하는 가상화폐 투자

Chapter 3 · 가상화폐 열풍의 최대 승자, 거래소

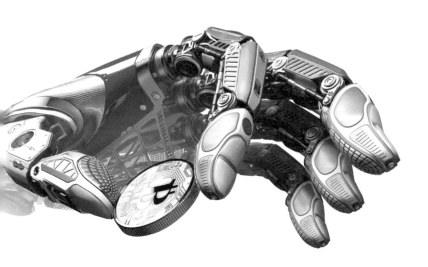

Chapter 6 · 미래를 그려낼 기술, 블록체인

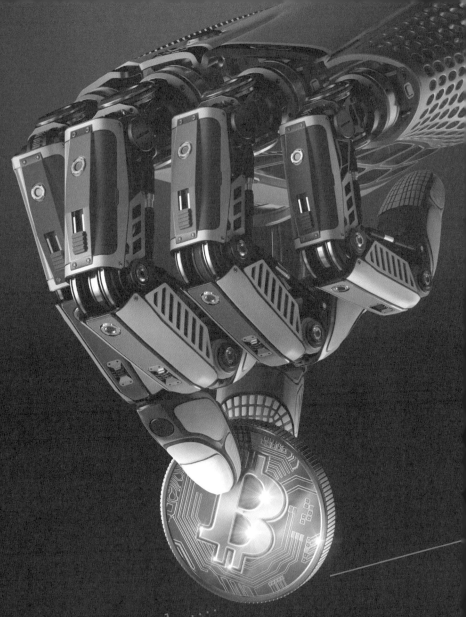

Chapter 1

디지털 시대의 연금술, 가상화폐

비트코인,
새로운 부의 탄생

─── 세계를 뒤흔든 9페이지짜리 논문

손에 잡히지도, 눈에 전혀 보이지도 않는 가상화폐에 전 세계가 열광하고 있다. 어느 날 하늘에서 뚝 떨어진 것처럼 세상에 등장한 비트코인은 도대체 어디서 왔을까?

비트코인은 2009년 탄생했다. 조물주는 '나카모토 사토시(Nakamoto Satoshi)'란 인물이다. 나카모토 사토시라는 이름은 가명이며, 일본식 이름이라 일본인으로 추정할 뿐 그가 누구인지는 아무도 모른다. 개인인지 단체인지도 불분명하다. 그저 신원미상의 프로그래머로 추정할 뿐이다.

비트코인은 2008년 사토시가 집필한 「비트코인 : 개인 간 전자화폐 시스템(Bitcoin : A Peer-to-Peer Electronic Cash System)」이라는 제목의 9페이지짜리 논문에서 처음 언급됐다. 글로벌 금융

전 세계가 열광하는
가상화폐의 대표주자 비트코인의
조물주는 신원미상의 프로그래머
나카모토 사토시다.

위기를 촉발했던 리먼브러더스가 파산한 직후인 2008년 10월 31일, 사토시는 수백 명의 공학자와 컴퓨터 프로그래머에게 이메일을 보냈다.

사토시는 이메일에 첨부한 논문에서 조작할 수 없고 개인 정보를 요구하지 않으면서도 거래의 투명성이 완벽하게 보장되는 통화 시스템과 이를 구현할 수 있는 기술을 제안했다. 시스템에서 사용할 화폐의 이름은 컴퓨터의 정보 저장 단위인 '비트(bit)'와 동전을 뜻하는 '코인(coin)'을 합쳐 '비트코인(Bitcoin)'이라고 지었다. 몇몇 사람을 제외하고는 사토시의 메일을 휴지통에 버렸다.

1년 뒤인 2009년 1월 3일에 사토시는 비트코인을 처음 발행했다. 그리고 몇 개월 후 비트코인 첫 블록인 '제네시스 블록(genesis

나카모토 사토시의 정체를 밝혀줄 유일한 사람, 할 피니는 사토시와 함께 비트코인 발전을 이끌었으나 2014년 루게릭병으로 사망했다.

block)'을 채굴하고, 다시 프로그래머들에게 제네시스 블록의 탄생을 알리는 메일을 보냈다. 이번에도 역시 수신자 대다수는 메일을 휴지통에 버렸다.

미국인 프로그래머 할 피니(Hal Finney)만이 사토시의 메일을 유심히 살펴봤다. 할 피니는 전자지갑을 설치하고 나카모토 사토시에게 연락해 비트코인 10개를 전송받았다. '채굴(mining)'이라고 알려진 '작업 증명(Proof of Work)' 방식을 고안한 할 피니는 사토시와 함께 비트코인 발전을 이끌었다. 사토시의 정체를 알 만한 유일한 사람, 할 피니는 2014년 루게릭병으로 사망했다.

———— 비트코인,
블록 속에 든 암호를 푸는 작업에 대한 보상

현재 사토시는 계속 비트코인을 만들고 있지 않다. 사전에 발행 규모가 정해져 있는 비트코인은 발행 기관이 없고, '채굴'이라는 작업을 통해 만들어진다. 마치 광산에서 금을 캐듯 상당한 시간과 노력을 들여야 직접 얻을 수 있다.

이 과정은 일반인이 이해하기에는 상당히 복잡하다. 비트코인을 캐기 위해서는 컴퓨터가 제시하는 복잡한 수학 문제를 풀어야 한다. 채굴 초기에는 퍼스널컴퓨터(PC)로도 충분히 풀 수 있었지만, 갈수록 문제가 난해해지면서 지금은 암호를 풀기 위해 수천 대의 컴퓨터가 필요하다. 이미 전 세계에는 비트코인을 캐는 채굴

블록체인 개념

중앙데이터베이스

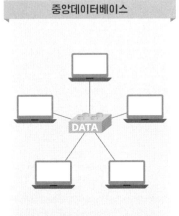

제3자가 거래를 보증하는 신용 기반, 누적된 거래 내역 정보가 특정 금융회사의 서버에 집중되어 있음

블록체인

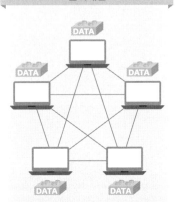

거래 내역 정보가 서버에 집중되지 않고, 네트워크에 연결된 컴퓨터에 똑같이 저장되는 분산형이며, 수시로 검증이 이뤄지기 때문에 해킹이 어려움

블록체인 거래 과정

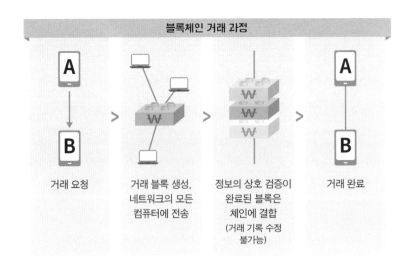

거래 요청

거래 블록 생성, 네트워크의 모든 컴퓨터에 전송

정보의 상호 검증이 완료된 블록은 체인에 결합 (거래 기록 수정 불가능)

거래 완료

업체가 수없이 존재한다. 이들이 비트코인을 공급하고 있다.

그렇다면 비트코인을 왜 캐는 것일까? 비트코인 채굴 작업을 이해하기 위해서는 '블록체인(Blockchain)' 개념을 먼저 알 필요가 있다. 블록체인은 데이터를 거래할 때 중앙 집중형 서버에 기록을 보관하는 기존 방식과 달리 거래 참가자 모두에게 내용을 공개하는 개방형 거래 방식이다.

블록체인은 '공공 거래 장부'라고도 부르며, 가상화폐로 거래할 때 발생할 수 있는 해킹을 막는 기술 등으로 통용된다. 각각의 블록(데이터)이 거미줄처럼 연결돼 있어 개별 블록을 해킹할 수는 있어도 블록체인을 해킹하는 것은 현실적으로 불가능하다.

이런 블록체인이 제대로 작동하기 위해서는 누군가가 통제하는 것이 아니라 모두의 자발적인 참여가 필요하다. 이를 위해서는 자연스럽게 보상 체계가 뒤따라야 한다. 바로 이 자발적인 분산성에 참여하는 이들에 대한 보상 체계가 비트코인 같은 가상화폐다.

중앙 집중화에 대한 반기

여기서 또 한 가지 놓쳐서는 안 되는 부분이 있다. 앞서 비트코인 창시자인 사토시가 비트코인을 만든 이유다. 힌트는 사토시가 쓴

"순수하게 개인 대 개인으로 거래되는 전자화폐는
금융기관을 거치지 않고 한쪽에서 다른 쪽으로
직접 온라인 결제를 가능하게 한다."
— 나카모토 사토시

글 가운데 중앙은행의 독점적인 화폐 발행과 이에 따른 폐해 그리고 신용기관에 대한 불만을 토로한 내용에서 얻을 수 있다.

사토시는 은행이 돈을 잘 보관해줄 수 있기는 하지만, 사람들이 맡긴 돈을 신용대출에 활용하면서 '버블'을 만들고 돈의 가치를 떨어뜨린다고 생각했다. 그는 그 버블이 만든 짐은 은행이 아닌 은행에 돈을 맡긴 사람들이 지게 된다는 점도 꼬집었다.

반면 비트코인의 경우 화폐적 특성을 갖추면서도 은행의 신용을 토대로 하지 않고 오직 신뢰에 기반을 둔다. 이 점에서 화폐의 대안으로서 비트코인의 매력이 주목받고 있다. 사토시는 중앙 집중화된 시스템의 문제에 따라 시스템을 분산하는 방법을 모색했고, 비트코인을 그 수단으로 제시한 셈이다.

결국 비트코인 채굴은 블록체인 기술이 있기에 가능했다. 비트코인은 중앙은행처럼 독자적으로 발행하는 주체가 없지만, 각각의 비트코인이 암호화돼 블록체인 형태로 연결돼 인증을 받기 때

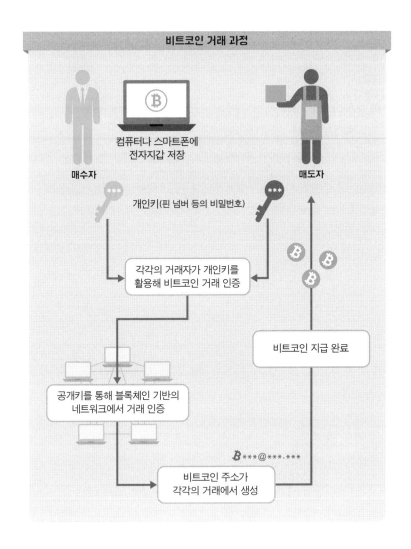

비트코인 거래 과정

컴퓨터나 스마트폰에
전자지갑 저장

매수자

매도자

개인키(핀 넘버 등의 비밀번호)

각각의 거래자가 개인키를
활용해 비트코인 거래 인증

비트코인 지급 완료

공개키를 통해 블록체인 기반의
네트워크에서 거래 인증

ℬ***@***.***

비트코인 주소가
각각의 거래에서 생성

문에 보안성이 높다. 블록체인을 통한 비트코인 거래 내역도 추적
할 수 있다.

2008년
- 비트코인 도메인(bitcoin.org) 등록
- 「비트코인 : 개인 간 전자화폐 시스템」 논문 발표

2009년
- 최초의 비트코인 블록(제네시스 블록) 생성
- 최초의 P2P(Peer to Peer : 개인 간 거래) 기반 디지털 화폐 거래(나카모토 사토시가 할 피니에게 10코인 이체)

2011년
- 달러와 등가(1BTC=1USD) 도달
- 파운드로 비트코인을 거래하는 브릿코인 설립
- 브라질, 폴란드 각국 거래소 오픈

2010년
- 디지털 문화 매거진 「슬래시닷」에 비트코인 소개
- 정식 거래 시장 마운트곡스 오픈

2012년
- 런던 비트코인 콘퍼런스 개최
- 미국 비트코인 재단 출범
- 비트코인 관련 스타트업 대형화

2013년
- 독일, 비트코인을 화폐로 인정
- 한국, 비트코인 거래소 '코빗' 출범

2015년
- 중국, 비트코인 거래소 비터가 해킹돼 비트코인 7170개 도난
- 안전성 우려로 1비트코인 220달러로 폭락

2014년
- 일본, 마운트곡스 85만 개의 비트코인을 해킹당해 파산 신청

2016년
- 비트코인 가격 990달러 (전년 대비 125% 급등)

2017년
- 1비트코인 가격 최초로 1000달러 돌파
- 일본, 비트코인 합법화 법안 통과

비트코인 거래 역시 블록체인 기술을 토대로 한다. 비트코인을 주고받으려면 비트코인 사이트에서 거래 소프트웨어를 내려받아야 한다. 프로그램을 내려받으면서 컴퓨터나 휴대폰에 비트코인 주소를 저장할 수 있는 전자지갑을 생성한다. 지갑은 은행 계좌와 같은 개념이다. 이 지갑에 저장된 주소와 공개키(public key), 개인키(private key)를 이용해 비트코인을 거래할 수 있다.

주소는 지갑을 생성할 때 숫자와 문자를 혼합해 30~40자리로 자동부여된다. 주소는 고유 식별 번호로 은행 계좌번호와 비슷한 셈이다. '1MRrx3RbcDKnDH3S5CbPuNaWzVytT3jk8N'같이 따로 적어놓지 않으면 안 될 정도로 외우기 어렵다. 공개키(계좌번호에 해당)의 경우 모든 이용자에게 공개된 키고, 개인키(계좌 비밀번호에 해당)는 이용자만 아는 키다.

특히 비트코인은 거래를 중개하는 주체가 없어 이용자 간 직거래가 이뤄지는 만큼 암호화 과정이 중요다. 비트코인 사용 정보가 바로 블록체인 방식으로 거래자에게 전송된다. 이를테면 비트코인 송금 시 공개키는 모든 네트워크 참가자에 전송되어 그 거래가 보증되고, 수령자만이 개인키를 통해 비트코인을 받아 사용할 수 있다. 은행이나 감독기관 없이도 안전한 거래가 가능한 셈이다.

'불안의 벽'을 타고 오르는
가상화폐

———— **기존 화폐에 대한 불신이 자양분**

이미 우리 생활 속에는 사이버머니가 넘쳐난다. 사이버머니로 온
라인 쇼핑을 하고 지인에게 커피 선물을 보내기도 한다. 넓게 보
면 비트코인은 사이버머니, 즉 가상화폐의 한 종류다. 비트코인의
존재 자체가 완전히 생뚱맞진 않다는 얘기다.

비트코인의 급성장 뒤에는 이처럼 화폐를 대신할 수 있을지 모
른다는 마력이 있다. 언뜻 과거 금본위제(화폐의 가치를 금의 가치로
나타내는 것)를 떠올리게 하고, 세계 패권을 쥐고 있는 달러의 미래
를 위협하는 것으로 평가된다. 반면, 화폐로서 부족하다는 반론도
만만치 않다. 단순히 상품으로 보는 것이 맞다는 주장도 계속되고
있다.

2013년 키프로스는 그리스 금융위기의 직격탄을 맞았다. 은행들이 줄줄이 파산하면서 EU와 IMF로부터 구제금융을 받고, 개인의 은행 예금까지 압류를 당했다. 이에 기존 화폐에 대한 불안감이 커졌다.

비트코인 가격이 무섭게 급등한 것은 2017년부터지만 과거 수차례씩 간헐적으로 가격이 수직 상승한 시기를 살펴보면 공통점이 있다. 바로 기존 화폐에 대한 불신이 극에 달할 때였다.

비트코인 신드롬이 막 불을 지필 당시 기름을 부은 것은 키프로스 사태였다. 2013년 지중해의 섬나라 키프로스는 그리스 금융위기의 직격탄을 맞았다. 키프로스는 금융 부문에서 그리스에 대한 의존도가 높았다. 키프로스의 양대 은행 두 곳에서만 그리스 국채에 투자한 규모가 국내총생산(GDP)의 160%에 달했다. 유럽연합(EU)은 그리스를 지원해주는 조건으로 국채 헤어컷(haircut : 국채에 대한 손실을 부담)을 요구했다.

하루아침에 국부를 날리게 된 키프로스는 국제통화기금(IMF)에 구제금융을 신청했다. IMF는 돈을 빌려주는 대신 키프로스 정부에 은행 예금에 10%를 과세하라고 요구했다.

키프로스에서는 기존 화폐에 대한 불안감이 싹트기 시작했다. 이때 '불안의 벽'을 타고 오른 것이 비트코인이다. 비트코인을 안전 자산이라 생각한 사람들은 너도나도 비트코인으로 몰려들었고, 비트코인 가격이 뛰었다. 2013년 10월 1비트코인 당 100달러선이던 가격이 한 달 만에 979달러까지 뛰었다. 당시 키프로스에서는 비트코인 자동 입출금기까지 만들어지면서 비트코인이 달러와 함께 거래됐다.

아르헨티나에서도 비트코인 인기가 하늘을 찔렀다. 경제 위기에 빠진 아르헨티나 정부가 화폐를 마구 찍어대면서 페소화 가격이 폭락한 탓이다. 아르헨티나 사람들이 페소화를 믿지 못하면서

키프로스 금융위기 이후 부각된 비트코인 가격 추이

자료 : 블룸버그, SK증권

비트코인으로 바꾸는 건수가 늘어났다. '부의 저장 수단'으로서 기꺼이 페소 대신 비트코인을 택한 것이다.

2018년 2월에는 베네수엘라 정부가 원유를 담보로 '페트로'라는 가상화폐를 발행했다. 국가가 발행하는 최초의 가상화폐다. 페트로는 극심한 인플레이션과 살인적인 물가 등으로 생겨난 기존 화폐에 대한 불신을 거름 삼아 탄생했다.

───── 가상통화, '화폐 전쟁' 구도를 뒤흔들다!

중국 역시 비트코인에 열광하는 국가 가운데 하나다. 중국 정부가 부유층의 해외 자금 유출을 엄격히 제한한 데다 위안화 약세를 헤지(hedge : 투자자가 자산의 가격이 변함에 따라 발생하는 위험을 없애려는 시도)하려는 수요가 비트코인으로 무섭게 몰려들면서 비트코인 강세를 이끌었다.

2016년 일본은 「자금결제법」을 개정해 가상화폐를 통화와 같은 결제 수단으로 인정했다. 이 역시 비트코인 가격을 끌어올리는 촉매가 됐다. 특히 일본은 가상화폐를 엔화로 구매할 때 부과하던 8%의 소비세를 폐지했다. 그러면서 가상화폐로 결제할 수 있는 점포를 늘리는 추세다. 덕분에 2016년 비트코인 거래 통화 가운데 엔화의 비중이 가장 높았다.

비트코인이 점점 부상하자 일부에서는 달러를 대체할 대안으로 주목하기도 했다. 아직은 달러가 그 어떤 통화도 넘보지 못하는 지위를 가지고 있다. 하지만 비트코인이 출현하면서 기축통화로서 달러화 패권이 빠르게 약화하고 있다는 평가가 나온다.

실제로 비트코인이 달러를 대체한다면 전 세계 헤게모니를 바꾸는 기폭제가 될 수도 있다. 달러의 힘이 약해지면 그만큼 미국 경제에 대한 과도한 의존에서 벗어날 수 있기 때문이다. 설사 비트코인이 달러를 대체할 수 없더라도 이미 달러를 중심으로 한 기존 화폐 시스템에 상당한 위협이 되고 있다.

비트코인의 경우 당장 화폐처럼 통용될 순 없지만 새로운 결제수단으로서의 기능을 차츰 강화하면서 사용자가 빠르게 늘고 있다. 단순 투자가 아니라 실생활에서 사용되는 비중이 높아지고 있는 것은 의미하는 바가 크다.

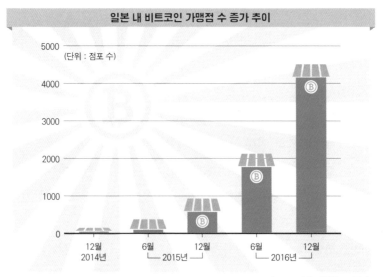

일본 내 비트코인 가맹점 수 증가 추이

(단위 : 점포 수)

5000
4000
3000
2000
1000
0

12월
2014년

6월   12월
└─ 2015년 ─┘

6월   12월
└─ 2016년 ─┘

자료 : 코인체크(일본), SK증권

세계 기축통화 위상을 둘러싼 '화폐 전쟁'은 위안화와 유로화가 달러의 패권을 넘보던 구도로 전개돼 왔다. 그러나 비트코인을 비롯한 가상화폐가 달러의 패권을 위협하면서, 기존의 화폐 전쟁 구도가 흔들리고 있다.

—————   '중앙은행 없는 화폐'의 꿈은 실현될 것인가?

반면 가상화폐는 절대 화폐가 될 수 없다고 보는 쪽도 만만치 않다. 우선 가상화폐와 기존 화폐, 사이버머니 사이에는 분명한 차이점이 존재한다. 대개 사이버머니는 이를 발행하거나 관리하는 주체가 있지만, 비트코인은 다르다. 법정통화와 동일하게 교환이 가능하고 금융회사나 전자금융업자에 의해 발행되는 전자화폐와 달리 디지털 화폐에 해당하는 비트코인은 발행 기관이 따로 존재하지 않는다.

또 하나 주목할 점은 비트코인의 경우 발행량이 정해져 있어 기존 화폐와 달리 희소성이 높다는 점이다. 그래서 금과 자주 비교되고는 한다. 비트코인은 나카모토 사토시가 처음 설계할 때부터 2100만 비트코인까지만 발행할 수 있도록 정해졌다. 인플레이션을 막기 위해 공급량이 줄어드는 반감기를 거치면서 자연스럽게 공급을 제어하도록 했다. 공급 확대에 따른 인플레이션 가능성이 낮고, 필요에 따라 무한정 발행할 수 있는 화폐와는 분명 다르다는 얘기다.

비트코인은 중앙은행의 통제를 받지 않는 화폐가 될 수 있다. 그러나 이 말은 비트코인을 통화 정책으로 운용하는 것이 전혀 불가능하다는 의미가 된다. 다시 말해 비트코인이 화폐로서 온전한

비트코인, 현금, 전자화폐의 차이점			
	현금	전자화폐	비트코인 등 디지털 화폐
발행 기관	중앙은행	금융기관, 전자금융업자	없음
발행 규모	중앙은행 재량	법정통화와 1:1 교환	알고리즘을 통한 사전 결정
거래 기록 및 승인	불필요	발행 기관 및 정산소	블록체인 기술을 이용해 P2P 네트워크 상에서
화폐 단위	법정통화	법정통화와 동일	독자적 단위
법정통화 교환 여부	–	발행 기관이 보장	거래소에서 가능하나 보장되지 않음
법정통화 교환 가격	–	고정	수요 및 공급에 따라 변동
사용처	모든 거래	가맹점	참가자

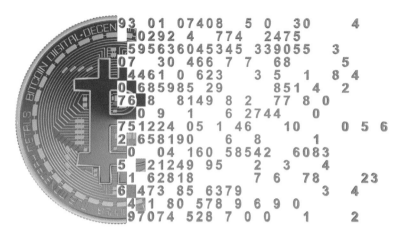

비트코인은 발행량이 제한되어 있다. 첫 발행 때는 10분에 50비트코인씩 생성되었지만 4년마다 10분당 발행량이 반으로 줄어들고 있다. 2040년까지 총 2100만 개를 발행하면 끝난다. 2018년 1월 기준으로 1600만 개쯤 채굴된 상태다.

기능을 갖추기에는 결함이 있다는 것이다.

그러면서 비트코인이 기존 화폐를 대체하는 그림은 아직은 상당히 먼 미래로 치부된다. 그보다는 일단 투자 수단으로 주목받는다. 노벨 경제학상 수상자인 폴 크루그먼(Paul Krugman) 뉴욕시립대학교 교수도 "비트코인은 구조적으로 통화보다는 상품의 특성을 갖고 있다"고 평가했다.

―――　　　　　　　　　　　　　　　　　　　　　　　　**투자냐 투기냐**

실제로 비트코인의 가치가 높아진 데는 안전자산으로서의 특성도 한몫했다. 키프로스 사태는 물론 영국의 브렉시트(Brexit : 영국의

EU 탈퇴), 미국의 정치 리스크와 북한 미사일 발사 등이 맞물리면서 비트코인 가치가 뛴 것만 봐도 알 수 있다. 비트코인이 나름 안전자산으로 인정받고 있다는 얘기다.

다만 투자냐, 투기냐에 대한 답은 여전히 물음표다. 비트코인이 안전자산과 위험자산 사이를 넘나드는 이유이기도 하다. 2017년 비트코인 가격 오름세는 투기 열풍을 넘어 광풍으로 비쳤다. 나름대로 이유 있는 상승세라고 해도 단기간에 급등한 폭을 보면 분명 정상으로 보긴 어렵다. 변동성 또한 어마어마하다. 비트코인의 경우 하루 30~40%의 등락 폭은 우스울 정도다.

앞으로 비트코인 가치가 계속 올라간다고 가정하더라도 현 수준은 버블에 가깝다는 지적이 많다. 과거 튤립 버블(Tulip Bubble)처럼 버블은 항상 꺼지기 마련이란 점을 유의해야 한다는 조언도 계속 나온다.

비트코인 열풍을 보면 17세기 네덜란드에서 벌어진 과열 투기 현상인 튤립 버블이 겹친다. 당시 네덜란드는 직물산업 호황과 식민지 개척으로 경제적 황금기를 보내며, 유럽에서 1인당 국민 소득이 가장 높은 국가였다. 사람들은 어떻게든 자신의 부를 과시하고 싶어 했다. 과시욕의 정점에 튤립이 있었다. 1960년대 네덜란드에서는 터키에서 수입된 지 얼마 안된 튤립이 인기를 끌었다. 네덜란드에서 희귀한 튤립을 소유하고 경작하는 것은 부와 명예의 표상이었다.

최초의 자본주의적 투기로 불리는 튤립 버블은 자산 가격이 내재적인 가치에서 벗어나는 '경제적 거품'을 가리키는 은유로 자주 사용된다. 그림은 플랑드르(지금의 벨기에와 네덜란드 남부 지역) 화가 얀 브뤼겔(Pieter Brueghel the Younger)이 튤립 버블을 풍자해 그린 작품이다.

귀족에서부터 청소부까지 전 국민이 앞다퉈 튤립을 사들이면서 튤립 가격이 1개월 만에 50배나 뛰었다. 최상급 튤립 '황제' 한 송이는 집 한 채와 맞먹는 가격에 거래되기도 했다. 그러나 거품은 순식간에 사그라졌다. 1637년 2월, 튤립 가격이 폭락하고 파산자가 속출했다. 애초 튤립 버블은 실수요보다는 가격 상승을 노린 투기 수요가 만들어낸 현상이었다.

제이미 다이먼(Jamie Dimon) JP모건 회장은 비트코인은 사기라고 비판하며, 17세기 튤립 버블보다 심하다고 경고했다. 실물경제에 기반을 두지 않고 있는 만큼 가격 거품이 붕괴할 수밖에 없다

"가상화폐는
극심한 투기를 유발하는 사기다."
— 제이미 다이먼 JP모건 회장

는 논리다.

특정 주식 종목에 대해 투자 의견과 목표가를 제시하는 증권사들은 비트코인을 어떻게 볼까? 증권사들은 비트코인은 내재가치가 없으며 오직 시장 참여자들의 암묵적 합의로 가치가 형성될 뿐 가치 평가가 불가능하다는 점에서 태생적으로 불안할 수밖에 없다고 지적한다.

일부에서는 비트코인은 전통적인 위험자산인 주식이나 원유보다 변동성이 높은 데다 전통자산과 상관관계도 크지 않기 때문에 안전자산으로 구분하기보다 새로운 대체자산으로 보는 것이 바람직하다고 보고 있다.

가상화폐와 주식은
무엇이 다를까?

가상화폐 거래소(사설)는 정부가 우왕좌왕하는 사이 폭발적으로 회원을 모집해 거래 규모를 키웠다. 짧은 기간 내에 가상화폐 거래 규모가 커진 이유는 여러 가지가 있겠지만, 투자자들이 가상화폐를 소액으로 살 수 있는 주식과 같은 간편한 투자 대상으로 생각했다는 점도 한몫했다. 그러나 실제로 가상화폐를 주식과 비교해 보면 다른 점이 너무 많다. 가상화폐를 거래하는 사람들은 최소한 이런 내용을 알고 있어야 한다.

주식과 가상화폐

주식은 IPO(Initial Public Offering : 기업공개)를 통해서 거래소에 상장된 주식회사의 주주권을 나타내는 유가증권이다. IPO는 기업의 소유권인 주식을 투자자들에게 판매함으로써, 기업이 자금을 조달하는 방법이다. IPO는 약 400년의 역사를 가지고 있다. 1602년 네덜란드 동인도회사가 출범하면서 주식을 투자자들에게 판매한 것이 기원이다. IPO는 엄격한 요건을 갖춘 회사들만 통과할 수 있으며 법률에 근거해 정부 기관이 절차를 관리·감독한다.

주식은 상장회사의 자본을 구성하고 주주의 권리와 의무를 나타내는 것이다. 주식을 투자 목적에서 구매해 보유한다는 것은 주식 수에 해당하는 만큼 상장회사의 자본을 부담하면서 주주로서 권리와 의무를 진다는 의미다. 다시 말해 주식에 투자함으로써 상장회사가 가지는 수익성, 성장성, 안전성의 가치를 공유할 수 있게 되는 것이다.

가상화폐는 ICO(Initial Coin Offering : 가상화폐공개)를 통해 블록체인 기술에 기반을 두고 만들어진 데이터 형태의 코인이다. 가상화폐 발행자들은 가상화폐 발행 및 사용에 대한 규약(프로토콜)을 포함한 백서*를 발간해 ICO를 하면서 투자자에게 투자금을 받고, 투자자에게 자신들이 만든 가상화폐를 지급한다.

백서 white paper
가상화폐를 발행하기 전에 발행자(개발사)가 콘셉트와 블록체인 적용 방식, 가상화폐 분배 과정, 채굴과 관련된 함수 등 가상화폐의 모든 것에 관해 서술해 놓은, 일종의 사업계획서다.

최초의 ICO는 2015년 7월 30일 비탈릭 부테린(Vitalik Buterin)이 비트코인을 대체하기 위해 개발한 블록체인 플랫폼 '이더리움(Ethereum)'을 공개한 것이다. 부테린은 당시 이더리움을 공개하면서 현금 대신 비트코인을 받고 가상화폐 '이더(ETH)'를 나눠줬다. 부테린은 ICO로 3만 비트코인을 모집했다. 이더리움은 ICO로

ICO는 블록체인 기술을 가진 업체가 기술과 연계된 가상화폐를 투자자에게 나눠주고 사업 자금을 모으는 것이다.

많은 자금을 모집할 수 있다는 것을 증명함과 동시에 ICO 시장을 폭발적으로 성장시킨 플랫폼이다. 현재 대부분의 ICO는 현금을 받고 가상화폐를 나눠주는 식으로 진행하고 있다.

기업이 IPO를 할 때 기업가치를 보고 투자를 결정하듯 ICO에서는 해당 업체가 가진 기술의 가치나 성장성이 투자를 결정하는 중요 요인이 된다.

ICO는 정부 기관의 검증을 거치지 않는다. 특히 우리나라에서는 2017년 9월 29일부터 ICO가 금지되었다. ICO에 대한 각국 정부의 규제 및 관리가 시작되지 않은 현재로서는 가상화폐 거래에 대한 모든 위험과 책임은 가상화폐 거래자가 부담한다.

주식은 한국거래소(KRX)에서 거래한다. 한국거래소에서 유가증권
과 코스닥 및 코넥스에 상장한 주식 종목을 모두 거래할 수 있다.
한국거래소는 법률(「자본시장과 금융투자업에 관한 법률」)에 근거해
서 운영되는 기관이다.

　가상화폐는 빗썸, 업비트, 코빗, 코인원 등 사설 거래소에서 거
래한다. 사설 가상화폐 거래소에 대한 정부의 인·허가는 없는 상
태이며 현재는 가상화폐 거래소에 관한 법률이나 규정이 전무하
다. 모든 사설 가상화폐 거래소는 통신판매업 신고만 되어있는 상
태다.

　주식은 2018년 4월 4일 현재 한국거래소에서 유가증권 871종
목, 코스닥 1217종목, 코넥스 110종목이 거래되고 있다.

　비트코인, 이더리움 등 주요 가상화폐는 대부분의 거래소에서
거래할 수 있지만, 거래소마다 거래할 수 있는 가상화폐 종목이
다르다. 가상화폐는 전 세계적으로 1565개(2018년 4월 4일 기준)
종목이 발행된 것으로 확인된다(coinmarketcap.com 참조). 국내 거
래소는 이 가운데 일부 종목만 거래하고 있다.

───　　　　　　　　　　　　　　　　　　　　**계좌 개설·거래**

증권회사(또는 금융투자회사)에서 본인 명의의 실명 계좌를 열고 어

느 은행에서든지 실명 계좌에 투자금을 입금하면 주식 거래를 할 수 있다. 가상화폐는 사설 가상화폐 거래소에 회원 가입을 한 다음 본인의 실명 계좌번호를 확인받는다. 이후 본인 명의의 은행 실명 계좌에서 가상화폐 거래소 명의의 실명 은행 계좌로 입금한다. 이때 양자가 동일한 은행인 경우에만 송금할 수 있다. 가상화폐 거래소에서 입금 확인이 되면 가상화폐를 거래할 수 있다.

해킹 위험

주식은 한국예탁결제원에 맡겨서 관리한다. 한국예탁결제원에 위탁된 증권회사 시스템을 이용해 거래하는 중에 증권회사 시스템이나 거래소 시스템, 예탁결제원 시스템이 해킹되어 주식 거래자가 손해 볼 가능성은 거의 없다.

거래자가 구매한 가상화폐는 각 사설 거래소에서 관리한다. 가상화폐 거래소가 해킹되어 거래자가 손해 볼 가능성은 상존한다. 특히 2018년 1월 27일 일본의 코인체크라는 거래소가 해킹되어 약 580억 엔(약 5800억 원)의 피해가 발생했다.

우리나라에서도 언제든 해킹 사고가 발생할 수 있다. 우리나라 주요 가상화폐 거래소 어느 곳의 약관에도 해킹으로 피해가 발생했을 때 거래자의 피해에 대해 가상화폐 거래소가 책임을 진다는 조항이 없다. 해킹 피해에 대비해 손해보험에 가입했다는 가상화폐 거래소 또한 없다.

가상화폐는 거래소가 해킹되어 거래자가
손해 볼 가능성이 언제나 존재한다.

비밀번호 등 분실

주식은 거래하는 증권회사의 계좌번호나 아이디(ID), 비밀번호를
분실했더라도 증권회사에 본인 실명 확인을 하면 계좌에 있는 구
매 주식을 찾을 수 있다. 심지어 어느 증권회사와 거래했는지를
잊었더라도 한국예탁결제원에서 본인 실명 확인을 하면 주식을
찾을 수 있다. 전 재산을 투자해 주식을 구매한 후 이를 잊어버려
도 몇십 년이 지난다 해도 찾을 수 있다.

　가상화폐는 거래하는 가상화폐 거래소에 보관된 전자지갑의 비
밀번호를 잊어버린다면 거래소에서 실명 확인을 하더라도 찾을
수 없다. 전 재산을 투자해 구매한 가상화폐의 전자지갑 비밀번호

를 잊어버리면 10분밖에 지나지 않더라도 이를 찾을 수 없다.

가치 평가

주식은 수익성, 성장성, 안전성 측면에서 상장기업의 재무제표와
손익계산서를 분석하는 등 여러 가지 방법으로 가치 평가를 할 수
있다. 주식에 대한 수요와 공급에 따라 시장가격이 결정되더라도,
본질적인 가치인 상장기업을 분석해 특정 주식이 저평가되었는지
고평가되었는지 분석할 수 있다.

　가상화폐는 발행자가 제시한 코인 백서 외에는 본질 가치를 평
가할 수 있는 방법이 없다. 가상화폐에 대한 수요와 공급에 따라
시장가격이 결정되는 것일 뿐 본질적인 가치를 분석할 수 있는 수
단이나 방법이 없으므로 저평가된 것인지 고평가된 것인지 분석
할 수도 없다.

세금 등 거래 비용

주식은 매수할 때 매수자가 증권회사 수수료와 유관 기관의 제 비
용(한국거래소와 한국예탁결제원이 증권회사 등 회원사로부터 받는 수수
료)을 부담한다. 주식을 매도할 때에는 증권거래세(0.3%), 증권회
사 수수료, 유관 기관 제 비용을 부담한다. 가상화폐는 아직 과세

현재까지 가상화폐에 과세할 근거가 되는 법령이 없다. 정부는 주요국 과세 사례 등을 검토해 최대한 빨리 구체적인 과세 방안을 마련하기로 했다.

하기 위한 법령이 마련되지 않은 상태여서 가상화폐 거래소 수수료 외에는 발생하는 비용이 없다.

───── **거래 시간**

주식은 평일 오전 9시부터 오후 3시 30분까지 중간 휴장 없이 거래한다. 토요일, 일요일, 공휴일 및 연말 휴장일(12월 31일)에는 거래소를 개장하지 않아서 거래할 수 없다.

가상화폐는 365일 24시간 휴장 없이 거래한다. 물론 가상화폐 거래소 시스템을 정비하는 시간만큼은 거래가 중단된다.

───── **가격제한폭 및 거래 중단 제도**

주식은 주가가 갑자기 급등 또는 급락하는 경우 투자자를 보호하고 시장에 미치는 충격을 완화하기 위해 주식 매매를 일시 정지하는 '주식 거래 중단 제도(서킷 브레이커 ; circuit breakers)'를 두고 있다. 한국거래소는 2015년 6월부터 가격제한폭을 상하 30%로 확

가상화폐는 가격이 급등락하는 경우 매매를
일시 정지하는 투자자 보호 장치가 없다.

대했다. 가격제한폭까지 오르
는 것을 상한가라고 하고, 가격
제한폭까지 떨어지는 것을 하한가라고 한다.
　가상화폐는 가격제한폭이 없다. 가상화폐의 가격이
급등하거나 급락하는 경우에도 가상화폐 매매를 일시
정지하는 제도는 없다.

———   배당금

주식은 상장기업의 결산 결과 발생한 이익의 전부 또는 일부를 배
당하여 주주에게 환원한다. 배당 기능을 도입한 가상화폐가 있기
는 하지만 기본적으로 가상화폐는 보유자에게 배당금을 지급하지
않는다.

———   채굴

주식은 주식시장에서 매입하는 방법 외에 기업의 무상증자나 유
상증자에 참여해 추가로 취득할 수 있다. 하지만 채굴이라는 개

유상증자

기업이 자본금을 늘리는 것을 증자(increase of capital, 增資)라고 한다. 증자에는 유상증자와 무상증자가 있다. 유상증자는 회사가 신주를 발행해 주주(또는 투자자)들에게 주고 신주 대금을 받는 것이다. 반면 무상증자는 회사가 주식을 발행해 주주들에게 공짜로 나눠주는 것이다.

넘은 없다.

가상화폐는 거래소에서 매수하지 않더라도 채굴이라는 방법으로 취득할 수 있다. 블록체인에서 새로운 블록을 만들려면 블록체인 네트워크에 참여하는 사람들이 블록에 저장되는 데이터에 오류가 없음을 증명하는 과정이 필요하다. 이것을 '작업 증명' 또는 '채굴'이라고 부른다. 거래 내역을 블록으로 만들고 체인으로 연결해 서로가 공유해나가는 과정에 대한 보상으로 가상화폐가 주어진다.

누구나 채굴에 참여할 수 있지만, 어느 정도 수익을 올릴 만큼 채굴하려면 1~2대의 PC로는 어렵고 가정용 전기로는 전기세도 감당하기 어렵다. 가상화폐를 채굴하려면 그래픽카드(GPU : Graphic Processing Unit)를 비롯해 특수 부품으로 조립된 고액·고

가상화폐는 거래소에서 매입하거나
시스템을 갖춰놓고 채굴해 얻을 수 있다.

성능의 채굴기를 24시간 가동해야 한다. 공장처럼 대규모로 채굴기를 비치한 기업형 채굴자도 있다.

차익거래

주식은 거래되는 국가에서 동일한 가격으로 거래된다. 보통 한 국가 내에서 상장되어 거래되기 때문에 국가 간 차익거래가 불가능하다. 가상화폐는 여러 나라의 거래소에서 각기 다른 가격으로 거래되기 때문에 싼 거래소에서 가상화폐를 사 비싼 거래소에서 이를 팔아 이익을 얻는 차익거래(arbitrage)가 가능하다.

공시 의무

주식의 경우 상장기업은 공시 기준에 따라 투자자 및 시장에 중요한 사항을 공시(公示)할 의무가 있다. 가상화폐는 공시 기준도 없고 공시 의무도 없다.

　가상화폐를 매수해 거래할 것인지는 주식과 가상화폐를 비교해보고 개인이 스스로 판단해야 한다. 모든 위험 및 책임은 개인이 부담하기 때문이다. 가상화폐 거래소가 해킹되어 개인에게 피해가 발생하더라도 개인이 모든 위험 및 책임을 부담한다는 점을 명심해야 한다.

가상화폐에
투자해도 좋을까?

―――――   **가상화폐는 돌덩이인가 황금인가?**

비트코인을 포함한 가상화폐의 거래 가격이 2017년 하반기 고점
을 찍었다가 2018년 상반기에 급락했다. 우리나라 정부의 가상화
폐 거래소 및 투자자에 대한 관리 강화 조치와 일본의 가상화폐
거래소 코인체크에서 580억 엔(약 5800억 원) 상당의 '넴(NEM)'이
라는 가상화폐가 부정 유출된 사건 등이 맞물리면서 투자자들의
불안 심리가 작용한 것이다.

　가상화폐가 어느 날 갑자기 우리 생활 속에 성큼 다가온 만큼
가상화폐를 보는 우리들의 시각은 그 차이가 너무 크다. 우선 가
상화폐는 가치 없는 돌덩이와 같아서 규제 또는 폐지해야 한다는
일부 주장은 일반 대중의 시각과도 동떨어져 있어서 논외로 한다.
필자는 가상화폐의 실체와 현재, 그리고 미래 가치를 인정하는 입

장이다.

필자와 같이 가상화폐를 인정하는 사람들도 ① 채굴해야 한다 ② ICO에 참여해야 한다 ③ 매매 거래 또는 투자해야 한다 ④ 사용해야 한다 등 입장이 다양하다.

'디지털 금' 비트코인

30년, 50년 또는 100년의 장기간을 고려해 우리의 소중한 재산을 보호하고 유지하려면 정부가 발행하는 화폐에 의존하는 것이 현명할까? 예금자 보호를 받아 은행에 예금하더라도 정부 발행 화폐에 의존하는 방식은 현명하다고 보기 어렵다.

1960년 146억 원이었던 정부 발행 화폐 잔액(민간 보유 현금 + 금융기관이 고객의 예금을 대출하고 남겨놓은 현금)은 2017년 107조 9076억 원으로 늘어났다. 경제 규모가 커졌기 때문일 수도 있겠지만, 그만큼 화폐 공급량이 늘어나서 화폐의 가치가 떨어졌다는

생산량이 한정된 비트코인은 수천 년 역사 속에 희소한 가치가 인정된 금에 비유되곤 한다.

말도 된다.

　재산의 보호와 유지는 생산량이나 공급량이 한정되어 예나 지금이나 희소가치가 있는 재화에 의존하는 것이 현명한 방법이다. 금이나 미술품 같은 희소가치가 있는 재화가 그 예다. 생산량이 한정된 금의 희소한 가치는 수천 년 역사가 입증한다. 금의 희소한 가치는 앞으로도 유지될 것이다.

　비트코인을 포함하는 가상화폐는 금과 비슷한 희소가치를 가지고 있다. 비트코인은 최대 2100만 개만 발행되도록 설계되어 금과 같이 생산량이 매우 한정된 화폐다. 비트코인은 실물 금만큼이나 생산(채굴)하기가 어렵다. 매장량이 정해진 금을 캐는 것과 닮았다고 해서 채굴이라 부른다. 달러나 원화 같은 정부 발행 화폐는 정부의 정책 결정에 따라 얼마든지 더 발행할 수 있지만, 비트코인은 금과 비슷하게 공급량이 한정되어 그 가치가 보존될 수 있다.

───────　　　　　　　　　　　**21세기에 꾸는 광부의 꿈**

실제로 비트코인을 채굴하는 것은 금 채굴 못지않게 어렵다. 초기에 엄청난 컴퓨터 설비와 전력 등을 동원해 비트코인을 채굴한 많은 사업가들이 실패를 맛봤다.

　비트코인 채굴은 얼마나 어려울까? 수년 전에 비트코인을 채굴해 본 경험이 있는 필자의 지인은 "컴퓨터 관련 지식 수준이 높고 최첨단 컴퓨터를 구비해 채굴하더라도, 혼자서는 어렵고 여러 명

전 세계 비트코인 채굴량의 30% 안팎을 차지하고 있는 세계 최대 비트코인 채굴회사 비트메인과 중국 소재 비트코인 채굴장 내부 모습.

이 동업조합(팀 또는 길드)을 만들어 작업해야 성과를 낼 수 있다"고 전했다. 비트코인 데이터 블록을 하나 채굴하면 25비트코인이 지급된다.

　일반인이 비트코인 채굴에 관심을 두는 것은 실제로 금광사업에 관심이 있는 것처럼 성공 가능성이 희박하다. PC를 이용해 채굴할 경우 채굴을 통해 얻는 비트코인보다 전기료가 더 나오는 일이 벌어진다.

───── **ICO에 참여할 것인가?**

ICO는 블록체인 기술에 기반을 둔 데이터 형태의 가상화폐(코인)를 만든 사람들이 가상화폐 발행 및 사용에 대한 규약(프로토콜)을 포함한 백서를 발간해 가상화폐의 전부 또는 일부를 투자자들에게 판매하여 자금을 확보하는 것을 말한다. ICO를 하면 업체는 투자자에게 비트코인이나 이더리움 같은 가상화폐를 받고, 투자자에게 자신들의 가상화폐를 지급한다. ICO에 성공하면 가상화폐 거래소에 상장한다. 그러나 ICO에 성공했다고 해서 모두 거래소에 상장할 수 있는 건 아니다. 업체는 ICO를 통해 조달한 가상화폐를 현금화해 사업 자금으로 쓰고, 투자자는 새 가상화폐의 시세가 오르면 수익을 낼 수 있다.

우리나라에서는 2017년 9월 29일부터 ICO가 금지되었다. 신중하지 못한 결정이었다는 비판이 많다. 이후 우리나라에서 ICO에 참여하려는 사람들은 해외 ICO에 참여할 수밖에 없기 때문이다. 그만큼 외화가 유출되는 것이다.

만약 우리나라에서 ICO가 다시 허용된다면 기업들이 가상화폐 개발을 위해 노력할 것이다. 이는 블록체인 기술 발전을 이끌고, 국내 ICO 참여자를 늘려 외화 유출을 차단하는 것은 물론 해외

주식에서 IPO에 해당하는 것이 가상화폐에서는 ICO다. 우리나라 정부는 2017년 9월 29일부터 ICO를 금지했다.

참여자들까지 유입돼 외화가 유입되는 효과가 생길 것이다. 블록체인 기술 활성화를 통한 미래 먹거리 마련을 위해 정부가 나서서 ICO를 허용하고 ICO에 대한 정부 검증 제도를 도입해야 한다. 그러나 ICO에 대한 각국 정부의 규제 및 관리가 시작되지 않은 현재로서는, 가상화폐 거래에 대한 모든 위험과 책임은 거래자가 부담해야 하므로 ICO를 자제해야 한다.

—————— **투자할 것인가, 사용할 것인가?**

비트코인이 금과 같은 희소성이 있는 것은 맞다. 그러나 모든 가상화폐가 희소한 가치를 가지고 있는 것은 아니다. 특히 정부가 인정하지 않은 사설 거래소에 거액의 자금을 맡겨 놓고 자금이 자유롭게 인출되지도 않는 상황에서 투자차익을 목적으로 가상화폐를 매매하는 것은 엄청난 스트레스에 시달리는 일이다.

단순히 주식투자와 비교해도 시간적으로 24시간 거래가 가능한 가상화폐는 평일 6시간 30분만 거래하는 주식에 비해 다섯 배이상 많은 위험에 노출된다. 또 일일 가격제한폭이 없는 가상화폐는 주식 거래보다 몇 배나 더 위험하다.

가상화폐 투자를 고민한다면 가상화폐를 거래하기 전에 먼저 소액으로 주식이나 펀드에 투자해 훈련해 볼 것을 권한다. 주식이나 펀드에 투자해 본 경험이 있는 사람도 주식이나 펀드 투자 금액의 극히 일부 정도만 가상화폐를 매수해 보는 것이 리스크를 줄이는 현명한 투자 자세라고 생각한다.

코인마켓캡 사이트(coinmarketcap.com)에 접속하면 세계에서 거래되는 가상화폐의 시장 규모와 시세를 확인할 수 있다. 거래 시장 규모가 큰 가상화폐가 상대적으로 안정적일 것이다. 하지만 가상화폐는 매일매일 혁신적인 아이디어가 나오는 분야다. 블록체인을 열심히 공부해야 가치 있는 가상화폐(코인)인지 아닌지를 알 수 있다.

필자는 가상화폐는 '투자 대상'이 아니라 '사용의 수단'이라고 본다. 2018년 2월 13일 노원구에서 블록체인 기술을 이용한 지역화폐를 상용화했다고 발표했다. 자원봉사나 기부 활동을 통해 가상화폐를 적립하고 이를 지역 내 상권에서 사용한다는 것이다.

기업은 물론 정부나 지방자치단체에서도 관심을 가지고 가상화폐를 실생활에 사용할 수 있도록 노력해야 한다. 정부 규제 때문에 유럽이나 일본보다 많이 뒤처졌지만, 우리도 실생활에서 가상화폐를 적극적으로 사용하면 가상화폐 선진국이 되는 것이 꿈만은 아닐 것이다.

신민호 관세법인 에이치앤알 대표

누가 가상화폐에
투자했는가?

───────── **가상화폐 투자의 큰손은 60대**

2017년 초 가상화폐 가격이 연일 최고점을 갱신할 때 삼삼오오 모이기만 하면 가상화폐를 화제에 올렸다. 나만 빼곤 모든 사람이, 또는 나를 포함한 모두가 가상화폐에 투자하는 듯한 착각마저 들었다. 당시 언론 보도를 보면 청년층에서 일확천금을 꿈꾸며 가상화폐 광풍을 이끄는 듯 보였다. 가상화폐 광풍 밑바닥에는 '계층 사다리'가 끊긴 한국 사회에서 가상화폐가 유일한 기회라고 믿는 청년들의 절박한 심정이 깔렸다고 분석하기도 했다. 정말 가상화폐의 주요 투자자는 청년층이었을까?

2018년 3월 7일 한국금융투자자보호재단이 2017년 12월 13일부터 29일까지 일반인을 대상으로 가상화폐 투자 현황을 조사했다. 조사한 결과 가상화폐를 구매한 경험이 있다고 밝힌 응

답자 가운데 20대가 22.7%로 가장 많았다. 30대가 19.4%로 뒤를 이었고 60대가 10.5%, 50대가 8.2%였다.

한국금융투자자보호재단은 매년 펀드 투자자 조사를 하고 있으며 2017년에도 서울, 수도권 및 6대 광역시에 거주하는 만 25~56세 일반인 2530명을 대상으로 펀드 투자 현황과 함께 핀테크 이용 현황 등에 대해 설문 조사를 했다.

나이가 어릴수록 가상화폐 구매 경험이 많았지만, 가상화폐 평균 투자금액은 나이가 많을수록 오히려 더 많았다. 20대 평균 투자금액은 293.4만 원, 30대는 373.9만 원이었고, 50대와 60대는 628.8만 원과 658.9만 원으로 청년층의 두 배에 달했다. 40대의 경우 399.2만 원이었다.

300만 원 이상 투자한 비중이 가장 높은 연령대는 60대로 42.1%에 달했고, 1000만 원 이상 투자한 비중도 21.1%로 60대가 가장 높았다.

한국금융투자자보호재단의 조사에 따르면 연령이 낮을수록 가상화폐 구매 경험 비율이 높고, 나이가 많을수록 가상화폐 구매 금액은 컸다.

가상화폐 구매 경험 및 투자 금액

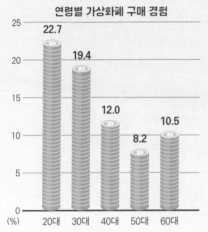

연령별 가상화폐 구매 경험

- 20대: 22.7
- 30대: 19.4
- 40대: 12.0
- 50대: 8.2
- 60대: 10.5

(%)

자료 : 한국금융투자자보호재단

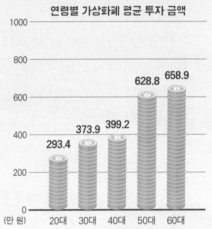

연령별 가상화폐 평균 투자 금액

- 20대: 293.4
- 30대: 373.9
- 40대: 399.2
- 50대: 628.8
- 60대: 658.9

(만 원)

자료 : 한국금융투자자보호재단

1000만 원 이상 가상화폐 투자 비율 (%)

- 7.5 20대
- 9.2 30대
- 7.8 40대
- 5.4 50대
- 21.1 60대

자료 : 한국금융투자자보호재단

한국금융투자자보호재단은 "고령자들일수록 가상화폐 투자금액 중 고액 비중이 높게 나타난다. 고령자들이 가상화폐 투자로 노후 준비 자금을 잃지 않도록 경각심을 고취해야 한다."고 경고했다.

───────   **가상화폐 투자의 가장 큰 장애물**

가상화폐 구매자 가운데 70.2%는 투자 목적으로 구매했다고 답했다. 34.1%는 가상화폐 결제 서비스 이용을 위해 구매했다.

다만 향후 가상화폐를 사겠다고 답한 비중은 낮았다. 가상화폐를 계속 소지하고 있는 비율은 6.4%였고 구매한 경험도 없고 무엇인지 모른다고 답한 비율은 31.3%였다.

특히 가상화폐를 소지하지 않고 있는 사람 중 구입 의향이 있다고 답한 사람은 7%에 그쳤고, 70% 가까이가 구입 의향이 없다고 답해 가상화폐 이용에 부정적인 사람이 많았다.

구입 의향이 없다고 밝힌 사람들은 해킹 등 안전성 우려(46.2%)와 심한 가격 변동성(31.4%)을 이유로 들었다.

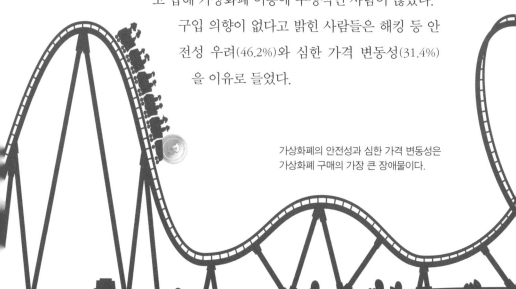

가상화폐의 안전성과 심한 가격 변동성은
가상화폐 구매의 가장 큰 장애물이다.

거품을 걷어내고
투기 열풍을 잠재우다

————— **뒤늦게 규제의 칼을 빼 든 정부**

가상화폐를 정식 선물시장(미래에 특정 시점에 인도될 상품을 거래하는 시장)에 편입한 미국 등과 달리 우리나라에서는 제도권 편입은 커녕 규제 기조가 강하다. 투기성 자금 유입으로 인한 가격 왜곡 현상이나 국내 자금이 해외 밀반출 수단으로 이용될 가능성 등 주로 부정적 측면이 부각되면서, 건전한 금융시장 발전에 해가 될 수 있다는 우려가 크기 때문이다.

이에 따라 정부 방침은 진흥보다 강도 높은 규제 쪽으로 초점이 맞춰져 있다. 거래소 신규 자금 유입을 막아 고사시키려는 방향으로 규제가 구체화되고 있고 '거래소 폐쇄'라는 극약 처방도 검토하고 있다.

우리나라에서는 2013년 7월 최초의 가상화폐 거래소 코빗이 문을 연 이후 코인원 등이 잇따라 오픈하면서 가상화폐에 대한 투자자들의 관심이 고조됐다. 그러나 정부는 최근 수년 간 불간섭 기조로 대응해왔다. 그러다 2017년 투자 광풍이 몰아치고 비트코인 투기와 거래소 해킹, 다단계 판매 등 많은 문제가 속출하자 무관심에서 벗어나 적극적인 대응 방침으로 돌아섰다. 가상화폐가 돈세탁이나 지하 경제에 사용될 수 있고, 학생이나 직장인들이 본업에 집중하지 못하고 투기에 나서는 등 사회적 부작용이 늘어난 것도 정부가 가상화폐 대응 방향을 선회하는 데 원인으로 작용했다.

정부가 처음으로 규제의 칼을 빼 든 것은 2017년 9월이다. 금융위원회는 관계부처와 합동 태스크포스(TF) 회의를 열고 가상화폐 거래 시 은행에서 '본인 확인'을 의무화하기로 했다. 은행이 가상화폐 거래소의 정보를 확인하고 이용자 역시 본인 계좌에서만 입·출금하는 내용의 가이드라인을 마련한 것이다.

2017년 12월 정부는 '가상화폐 투기 근절을 위한 특별대책'을 내놓으며, 가상화폐 시장 규제에 들어갔다. 정부 방침은 진흥보다는 강도 높은 규제 쪽으로 초점이 맞춰져 있다.

후속 규제가 이어졌다. 같은 달 29일 정부는 모든 형태의 ICO와 코인 마진거래˚ 같은 신용 공여˚ 행위를 금지한다는 내용의 2차 규제안을 발표했다.

마침 중국인민은행 등이 ICO를 금융 사기 및 다단계 사기와 연관되는 불법 공모 행위로 규정하고 이를 전면 금지시키는 등 규제를 강화한 것이 영향을 미쳤다.

ICO는 주식시장의 기업공개(IPO)와 같은 개념이다. 가상화폐 발행을 통해 자금을 조달하는 것을 말한다. 세계적으로 증가하고 있고 국내에서도 ICO 움직임이 일어나고 있었다. 하지만 다양한 형태의 변종이 나오며 ICO를 앞세워 투자를 유도하는 유사수신˚ 등 사기 위험이 늘어나면서 부작용이 함께 커지기도 했다.

이 같은 규제가 이어졌음에도 투기 열풍이 좀처럼 가라앉지 않자 정부는 2017년 12월 '가상화폐 투기 근절을 위한 특별대책'을 내놓았다. 여기에는 거래 실명제 시행, 공정거래위원회의 거래소 직권 조사 확대 방침이 포함됐다. '거래소 폐쇄'를 위한 특별법 제정까지 검토하겠다는 내용도 담겼다.

2018년 1월부터 시행된 거래 실명제에 따라 투자자들은 본인 명의 통장에서 거래소 법인 명의의 통장으로 직접 투자금을 이체

> **코인 마진거래**
> 투자자가 가상화폐 취급업자로부터 매매 자금이나 가상화폐를 빌려 이를 매매하는 것이다.
>
> **신용 공여**
> 매입 대금 일부를 담보로 설정하고 매수 자금을 융통하거나 보유 코인을 담보로 대출을 해주는 것이다.
>
> **유사수신**
> 「은행법」이나 「저축은행법」 등에 따라 인가나 허가를 받지 않거나 등록·신고 등을 하지 않은 상태에서 불특정 다수로부터 자금을 조달하는 행위를 가리킨다.

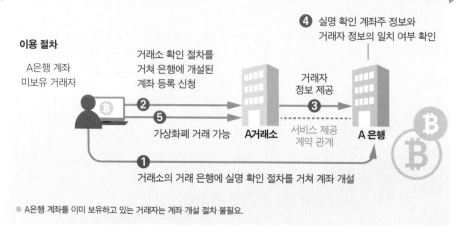

가상화폐 실명 확인 입출금 계정 서비스

이용 절차

A은행 계좌 미보유 거래자

❶ 거래소의 거래 은행에 실명 확인 절차를 거쳐 계좌 개설

❷ 거래소 확인 절차를 거쳐 은행에 개설된 계좌 등록 신청

❺ 가상화폐 거래 가능

A거래소

서비스 제공 계약 관계

❸ 거래자 정보 제공

A 은행

❹ 실명 확인 계좌주 정보와 거래자 정보의 일치 여부 확인

※ A은행 계좌를 이미 보유하고 있는 거래자는 계좌 개설 절차 불필요.

자료 : 금융위원회

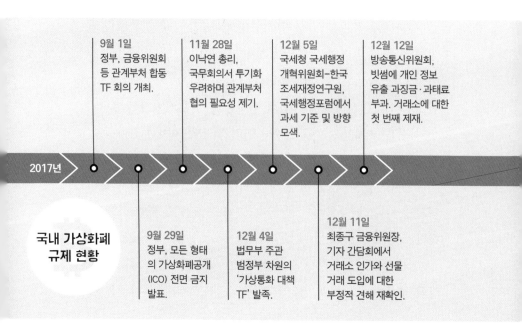

국내 가상화폐 규제 현황

2017년

9월 1일
정부, 금융위원회 등 관계부처 합동 TF 회의 개최.

9월 29일
정부, 모든 형태의 가상화폐공개(ICO) 전면 금지 발표.

11월 28일
이낙연 총리, 국무회의서 투기화 우려하며 관계부처 협의 필요성 제기.

12월 4일
법무부 주관 범정부 차원의 '가상통화 대책 TF' 발족.

12월 5일
국세청 국세행정 개혁위원회-한국 조세재정연구원, 국세행정포럼에서 과세 기준 및 방향 모색.

12월 11일
최종구 금융위원장, 기자 간담회에서 거래소 인가와 선물 거래 도입에 대한 부정적 견해 재확인.

12월 12일
방송통신위원회, 빗썸에 개인 정보 유출 과징금·과태료 부과. 거래소에 대한 첫 번째 제재.

하게 됐다. 아울러 금융사가 제공했던 가상 계좌 서비스는 전면 금지됐다.

금융사가 제공하던 가상 계좌 발급이 막히면서 신규 거래가 사실상 불가능해졌다. 가상화폐 거래를 위해서는 시중은행에서 가상 계좌를 발급받아야 하는데, 발급 자체가 중단됐기 때문이다.

주로 거래소에 대한 대대적인 옥죄기가 이어지면서 투기 광풍은 2018년 들어 한풀 꺾이는 모습이다. 거래소로 신규 자금 유입이 막히고 중소 거래소의 신규 진입이 어려워지게 된 것이 주효했다.

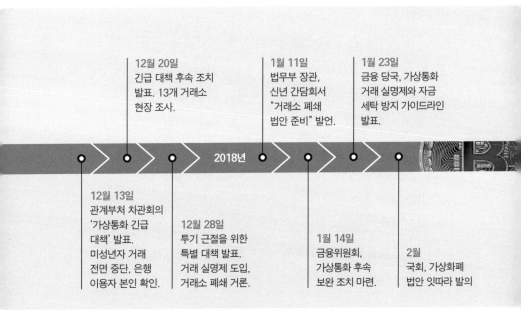

12월 20일
긴급 대책 후속 조치 발표. 13개 거래소 현장 조사.

1월 11일
법무부 장관, 신년 간담회서 "거래소 폐쇄 법안 준비" 발언.

1월 23일
금융 당국, 가상통화 거래 실명제와 자금 세탁 방지 가이드라인 발표.

2018년

12월 13일
관계부처 차관회의 '가상통화 긴급 대책' 발표. 미성년자 거래 전면 중단, 은행 이용자 본인 확인.

12월 28일
투기 근절을 위한 특별 대책 발표. 거래 실명제 도입, 거래소 폐쇄 거론.

1월 14일
금융위원회, 가상통화 후속 보완 조치 마련.

2월
국회, 가상화폐 법안 잇따라 발의

블록체인, 가상화폐 '투트랙' 전술

가상화폐에 대한 정부 정책은 다양하고 복잡하다. 기본적으로 강도 높은 규제라고 보면 된다. 그동안 정책들을 살펴보면 현행법상 가상화폐 관련 불법 행위는 엄벌에 처하게 돼 있다.

예를 들어 다단계 유사수신 방식의 가상화폐 투자금 모집이나 가짜 가상화폐 관련 사기, 환치기 등을 엄격하게 단속하고 처벌을 강화한다는 내용이다. 아울러 2017년 9월에 발표한 대로 ICO를 전면 금지하고, 가상화폐 거래소의 영업을 원칙적으로는 금지하면서 일정 요건을 충족한 거래소는 예외적으로 허용한다는 방침이다.

고객 자산의 별도 예치나 설명 의무 이행, 이용자 실명 확인, 자금 세탁 방지 시스템 구축 등도 지켜야 한다. 거래소가 미성년자나 비거주자의 계좌를 개설하거나 그와 거래하는 것을 전면 금지하고 고객들에 대한 신용 공여 행위도 금지한다.

다만 정부는 가상화폐의 기본 뼈대라 할 블록체인 기술에 대해서는 산업 진흥 및 육성에 대한 의지를 보이고 있다. 가상화폐 투기화나 불법 행위는 철저하게 단속하지만 4차 산업혁명의 기반 기술인 블록체인은 진흥을 위해 장려하겠다는 입장이다.

이에 대해서는 논란의 여지가 있다. 관련 업계에서는 가상화폐가 블록체인 발전을 위한 필요조건은 아니지만, 둘 사이의 복잡 미묘한 관계를 고려하면 두부 자르듯 구분해 규제와 진흥 정책을 따로 적용하는 것은 무리라고 보고 있다.

가상화폐 코인 등을 제외하고 블록체인 기술만 성장하는 것이 완전 불가능한 것은 아니다. 블록체인 기술 도입으로 특정 산업이나 기업이 얻는 효용이 크다면 가상화폐와 같은 보상 없이도 블록체인 네트워크를 유지할 유인이 충분하기 때문이다.

하지만 가상화폐는 블록체인 기술을 코인이라는 화폐 형태에 적용한 것이라, 가상화폐를 옥죄면서 다른 한쪽에서는 블록체인 기술을 진흥하자는 정책은 무리가 있다는 주장이다. 가상화폐에 대한 과도한 규제는 블록체인 기술 발전을 저해할 가능성이 높다는 설명이다.

───────   **'가상화폐 전쟁'을 둘러싼 동상이몽**

정부 규제 정책을 말할 때 빼놓을 수 없는 것이 '부처 간 엇박자'다. 박상기 법무부장관은 2018년 초 열린 신년 기자간담회에서 "가상화폐 거래소 폐쇄까지 목표로 하고 있다"는 발언을 했다.

정부가 사실상 거래소 폐쇄라는 초강수를 내놓은 것이라 거래 시장이 요동쳤다. 청와대는 곧바로 확정된 사안이 아니라며 긴급 진화에 나섰으나 정부 부처 간 의견 조율 없이 규제안을 발표해 시장 혼란을 부채질했다는 지적을 받았다.

현재 정부는 거래소 폐쇄안을 당장 염두에 두고 있지는 않지만, 장기적인 투기 억제책으로 남겨둘 것이라고 입장을 정리한 상태다. 강력한 규제에도 투기 열풍이 사그라지지 않는다면 극단적인 방법도 불사하겠다는 것으로 해석된다. 실제로 박상기 법무부 장관 외에도 최흥식 전 금융감독원 원장과 최종구 금융위원장 등 각 부처 수장들이 거래소 폐쇄안을 공개적으로 언급한 바 있다.

2018년 3월 주요 20개국(G20) 경제 수장들이 아르헨티나 부에노스아이레스에서 가상화폐 규제에 관해 논의했다. 이 자리에서 정부 규제 가이드라인이 도출될 것으로 예상했지만, 구체적인 공동 규제안 채택에 이르지 못했다. 다만 회원국들은 블록체인 기술의 잠재성을 인정하면서 가상화폐의 위험성에 대해서는 한목소리로 경고했다. 이들은 오는 7월 열리는 G20 회의에서 논의를 지속할 예정이다. 하지만 회원국 내 규제 의지가 엇갈리고 있어 합의가 쉽지 않을 전망이다. 공동 규제안이 나와도 구속력을 가지지 않기 때문에 의무적으로 따를 이유는 없다.

——— **국회에 발의된 가상화폐 법안 3**

정부가 가상화폐 거래소를 제도화하는데 반대하는 것과 달리 정치권에서는 제도권으로 편입하자는 내용의 관련 법안 발의가 이어지고 있다. 법제도적 장치를 마련해야 시장의 혼란이 줄어들 수 있다는 이유에서다. 현재 여야 국회의원들이 발의한 법안은 세 개다. 기본적으로 제도권으로 편입해 신원 확인과 과세 등의 규제를 마련해야 한다는 것과 편입 방안을 놓고 인가제 혹은 등록제로 엇갈린다.

여야 국회의원들이 발의한 법안은 세 개다. 기본적으로 제도권으로 편입해 신원 확인과 과세 등의 규제를 마련해야 한다는 것과 편입 방안을 놓고 인가제 혹은 등록제로 엇갈린다.

가장 먼저 관련 법안을 발의한 이는 박용진 민주당 의원이다. 박 의원은 2017년 7월 가상화폐를 금융 상품으로 보고 거래소 인가제를 실시하는 내용의 「전자금융거래법」 개정안을 발의했다. 박 의원이 내놓은 개정안은 가상화폐 취급업자를 형태에 따라 매매업, 거래업, 중개업, 발행업, 관리업 다섯 개로 세분화한다. 각각의 업무를 하기 위해서는 5억 원 이상 자본금을 갖춘 뒤 금융위원회 인가를 받아야 한다.

정태옥 자유한국당 의원도 2018년 2월 거래소 인가제와 투자자 보호를 주된 내용으로 하는 법안을 특별법 형태로 발의했다. 이 법안에서는 거래소를 금융위원회가 인가하고 금융감독원이 감독하도록 하고 있다. 가상화폐 거래자는 실명 인증을 받아야 하며 미성년자의 가상화폐 거래는 금지할 수 있도록 했다. 가상화폐 투자 권유와 광고는 제한적으로 허용하도록 했다.

이 같은 인가제와 달리 일정 기준의 자격 요건만 갖추면 결격 사유가 없는 한 누구든 가상화폐 거래소 영업이 가능한 등록제로 운영하자는 법안도 나왔다. 정병국 바른미래당 의원은 2018년 2월 이 같은 내용의 「암호통화 거래에 관한 법률」 제정안을 발의했다. 제정안에 따르면 암호통화 매매업, 거래업, 중개업, 발행업, 관리업 등 암호통화 취급업을 하려는 자는 금융위원회에 등록해야 한다. 또한 암호통화 거래업자는 암호통화 예치금을 예치하거나 피해 보상 계약을 체결해야 한다.

등록제는 일정 기준의 요건만 갖추면 누구나 거래소 영업이 가능하다. 등록제로 운영되는 전자 결제 대행업(PG)과 비슷하다. 이에 비해 인가제는 일정 기준의 자격 요건을 갖추면서도 금융위원회의 승인을 받아야 영업을 할 수 있다. 금융위원회의 승인을 받아야 하는 은행, 증권, 보험업이 대표적 인가제 사업이다.

옥죄거나 키우거나,
세계 각국의 가상화폐 규제

전 세계에서 뜨거운 관심을 받고 있는 가상화폐에 대한 일반적인 규제의 틀은 아직 없다. 접근법도 국가별로 각양각색이다. 국내에서는 2017년 가상화폐 열풍이 규제로 이어졌고 ICO도 전면 금지됐다. 중국도 사정은 비슷하다. 러시아처럼 거래조차 불가능한 곳도 있다. 반면 일본과 미국, 다수의 유럽 국가들은 가상화폐의 일

가상화폐를 둘러싼 각국의 입장은 조금씩 다르다.
나라마다 규제도 제각각이다.

상적인 거래와 ICO를 허용하는 것은 물론 관련 제도도 정비하는 등 가상화폐에 대해 개방적이다.

──────

가상화폐에 만리장성 쌓은 중국

중국은 한국에 앞서 일찌감치 가상화폐 열풍이 분 곳이다. 전 세계적으로 가장 많은 비트코인을 보유한 시장이기도 하다. 하지만 이 때문에 투기와 채굴 열풍은 물론 자본 유출이 심각하게 발생하자 재빨리 통제에 나섰다. 2017년 9월 중국은 ICO를 불법으로 규정해 금지했고, 이미 완료된 ICO도 취득한 자금을 모두 토해내도

중국 정부는 비트코인 등 가상화폐는 엄중히 단속하고, 가상화폐 기반 기술인 블록체인은 장려하는 이중 행보를 보이고 있다.

록 했다.

같은 달에는 가상화폐 거래소도 폐쇄했다. 2018년 1월 들어서는 가상화폐 채굴도 금지한 상태다. 대신 중국인민은행은 국가 주도의 중앙화된 가상화폐 발행을 준비 중이다. 현재 비트코인의 개인 간 거래나 소유는 허용하지만, 금융회사의 공식 사용은 막고 있다.

저우샤오촨 중국인민은행장은 2018년 3월 9일 전국인민대표대회(전인대) 기자회견에서 가상화폐와 ICO와 관련해 "우리는 투기상품을 만드는 것을 좋아하지 않으며 하룻밤 새 부자가 되는 것은 좋은 일이 아니다"라고 말했다.

가상화폐 선도자 일본

반대로 일본의 경우 가상화폐를 장려하고 있다. 일본은 2016년 3월에 비트코인을 공식 결제수단으로 인정했다. 2017년 4월부터는 「자금결제법」*을 개정하는 등 디지털 통화 관련 정책 수립에 나섰다.

일본은 가상화폐 이용자를 보호하기 위해 안전 대책 등 일정 요건을 충족한 업체에 한해 영업할 수 있도록 거래소 등록제를 신설했고, 금융청(FSA)을 거래업자 감독기관으로 지정했다. 2017년 12월 기준으로 일본에는 16개의 가상화폐 거래소가 등록돼 있다.

> 「자금결제법」
> 2009년 제정된 송금 및 결제에 관한 규제. 100만 엔 이하의 상품권과 선불카드 등 선불 방식의 대금 결제를 규제한다.

일본은 자금 세탁 방지 등 가상화폐의 불법성에 대해서는 단호하게 대처하되, 가상화폐에 대한 규제 강화에 대해서는 유보적인 입장이다.

2017년 7월부터는 가상화폐를 구입할 때 지불하던 8%의 소비세를 면제했다. 일본 국세청은 2017년 9월 과세 지침도 발표했다. 가상화폐 투자나 거래로 얻은 소득은 소득 신고에 포함해야 하고, 투자자 과세 구간에 따라 최고 세율인 48%까지 적용받을 수 있다. 하지만 가상화폐를 장기 보유하면 더 낮은 세율이 적용된다. 2017년 11월에는 가상화폐를 보유자산으로 인정하는 기업회계 기준도 만들었다.

일본은 「자금결제법」 개정 후 디지털 통화 관련 사업 및 스타트업에 대한 투자가 확대되는 추세다. 자체적인 디지털 통화도 개발 중이다.

미국에서는 비트코인 선물이 상장하는 등, 가상화폐가 투자 상품으로 인식되고 있다.

입법화 바쁜 미국

미국에서도 비트코인으로 거래와 결제가 가능하고, 비트코인을 자산으로 인정하고 있다. 다만 주(州)마다 가상화폐 규제 및 과세 정책에는 차이가 있다. 워싱턴 주는 비트코인 거래를 포괄할 수 있는 새로운 법률을 만드는 중이고, 플로리다 주는 자금 세탁 목적의 가상화폐 사용을 금지하는 법안을 마련한 상태다.

미국에서는 비트코인 선물이 잇따라 상장되며 일찌감치 비트코인이 투자 상품으로 선을 보였다. 2017년 말 시카고 옵션거래소(CBOE)와 상품거래소(CME)가 비트코인 선물을 상장했고, 나스닥도 연내 상장을 준비 중이다.

ICO에 대해서도 불법으로 규정하지 않고 있다. 개별 ICO의 특성에 따라 발행 코인이 증권으로 분류되면 연방 「증권법」을 적용하기로 했다.

——— **빼앗긴 금융 패권을 되찾고 싶은 유럽**

유럽연합(EU) 및 여러 유럽 국가들은 가상화폐를 인정하고 있다. EU의 증권 및 시장 감시국(ESMA)은 2017년 11월 ICO가 매우 높은 위험을 수반하는 투자 행위이며 ICO를 통해 발행되는 코인이 금융 상품 성격을 갖는 경우 해당 금융 상품과 관련된 제반 법규를 지킬 것을 권고했다.

영국은 세계 최초로 가상화폐를 법정통화로 인정했다. 비트코인 사업자들은 자금 세탁 방지를 위해 고객 확인 의무를 이행해야 하고, 금융서비스위원회(FSC)에 등록해야 한다. 독일도 비트코인에 세금을 부과하고 전용 화폐로 사용할 수 있도록 허용했다. 비트코인을 상업적으로 활용하는 경우 독일

유럽연합(EU) 및 여러 유럽 국가들은 가상화폐를 법정통화로 인정하고 세금도 부과하고 있다.

「연방은행법」에 따라 당국의 허가를 받아야 하며, 비트코인 취급 회사는 「돈세탁 방지법」을 준수해야 한다. 노르웨이는 가상화폐를 화폐가 아닌 개인 자산으로 간주하며 수익에는 재산세를 매긴다.

스위스의 경우 싱가포르와 함께 ICO 성지로 알려졌다. 7% 넘는 ICO가 스위스에서 이뤄지고 있다. 지금까지 ICO로 총 4억 9500만 달러가 모집돼, 경제 규모로도 가장 큰 수준이다. 가상화폐 사업을 하려면 스위스 금융시장감독위원회(FINMA)로부터 라이선스를 받아야 한다.

스위스는 가상화폐와 블록체인 기술 실용화에 가장 열성적이다. '크립토 밸리(Crypto Valley : 블록체인 기업에 낮은 세율과 자유로운 사업 환경을 제공하는 지역)'를 선포하면서 블록체인 기술 개발과 실용화를 통해 세계 금융 산업의 허브를 노리고 있다.

스위스의 추크라는 도시에서는 이미 2016년 5월부터 관공서 내에서 비트코인 사용을 허용하고 있다. 비트코인을 정식 화폐로 인정하고 결제 수단으로 사용하는 것은 공공기관 최초 사례다. 스위스 추크에는 블록체인 기술 관련 IT 기업이 수십 개나 진출해 있다.

스위스에서는 비트코인 자동인출기(ATM)도 쉽게 이용할 수 있다. 스위스 정부의 정식인가를 받은 비트코인스위스(bitcoinsuisse. ch)가 운영하는 ATM은 취리히, 베른, 바젤 등 스위스 각지에 설치돼 있다. 비트코인을 스위스 프랑이나 유로화로 인출할 수 있으며 유로화나 스위스 프랑을 넣으면 본인 소유의 단말기 등에 비트코인이 충전된다.

한편 러시아는 중국과 마찬가지로 가상화폐의 발행과 유통, 거래를 전면 금지하고 있다. 2014년부터 모든 웹사이트 접근을 통제 중이다. 최근에는 가상화폐 사용을 금지하는 입법이 추진되고 있다. 2018년 1월에는 디지털 자산과 ICO 규제 법안 초안이 마련됐다. 법안에는 ICO 참여 한도 제한과 정보 공개 의무 등의 내용이 담겼다.

—— 사상 첫 ICO 가이드라인 내놓은 스위스

스위스는 2018년 2월 국가기관으로는 처음으로 ICO 가이드라인을 발표했다. FINMA는 스위스 내 ICO가 급격히 증가함에 따라 투명성이 이뤄질 수 있는 조치를 취하기로 결정했다. 근본적인 법률 체계를 명확히 하는 것이 필요하고 적절한 규제 안에서 ICO가 적법하게 이뤄질 필요가 있다는 판단이 작용했다. 아울러 ICO와 가장 관련이 깊은 법률 분야는 자금 세탁 방지와 증권 규제이며, 예탁 행위나 집합 투자 제도와는 관련성이 낮다고 판단했다.

FINMA는 토큰(코인)의 종류를 지불형 토큰, 기능형 토큰, 자산형 토큰으로 분류하고 토큰의 기능과 양도에 중점을 두고 가이드라인을 작성했다.

지불형 토큰은 상품이나 서비스를 구매하기 위해 지불하는 수단 또는 돈이나 가치를 이전하는 데 사용되는 토큰이다. 이 경우 자금 세탁 방지와 관련 규정 준수가 요구되지만 증권으로는 취급되지 않는다.

기능형 토큰은 블록체인 기술을 기반으로 한 앱이나 서비스에 대한 디지털 접근을 위한 토큰이다. 이 역시 증권으로 취급하지 않는다.

자산형 토큰은 채무 증권이나 지분 증권같이 자산의 성격을 갖는 토큰으로 주식, 채권, 파생상품과 유사하다. 일반적으로 증권으로 간주되며, 증권 규정이 적용된다.

가이드라인을 소개한 글로벌 로펌 레이텀앤왓킨스는 "다른 나라들도 스위스를 따라 최소한의 포괄적 지침을 마련할 것으로 예상된다"며 스위스 법을 근거로 한 지침은 스위스 거주 구매자를 대상으로 하는 발행자에게 한정되기 때문에 스위스 관할권 밖의 구매자를 대상으로 하는 ICO 발행자에게 미치는 영향은 제한될 것으로 분석했다.

스위스는 싱가포르와 함께 ICO 성지로 알려졌다. 2018년 2월에는 국가기관으로는 처음으로 ICO 가이드라인을 발표하기도 했다.

CHAPTER 2 . . . . . .

Chapter 2

오늘부터 시작하는
가상화폐 투자

1500여 개의 가상화폐가
벌이는 코인 전쟁

───────   무한 증식하는 가상화폐의 세계

현재 전 세계 122개 거래소에서는 1500여 종이 넘는 가상화폐가
거래되고 있다(2018년 4월 13일 기준 1558종, 코인힐스 조사). 국내에
서는 가장 많은 코인을 취급하는 업비트를 기준으로 최대 130여
종류의 가상화폐 거래가 가능하다.

　2009년 최초의 가상화폐 비트코인이 탄생한 후 이더리움, 리
플, 라이트코인 같은 수많은 알트코인(altcoin ; 대안 코인)들이 탄생
했고 ICO를 통해 매일 다양한 가상화폐가 새로 생겨나고 있다.

　알트코인은 컴퓨터 자판기 버튼 가운데 'Alt'와 가상화폐의 보
통명사처럼 쓰이는 'Bitcoin'에서 'coin'을 떼어 붙인 합성어다.
'Alt'는 '대안', '대체하는'이라는 의미의 'alternative'의 약자다. 쉽
게 말해 알트코인은 비트코인을 대체할 수 있는 모든 가상화폐를

가상화폐 시가총액 순위

순위	가상화폐 이름	가격(달러)	시가 총액(달러)
1위	비트코인	8312달러	1407억 1406만
2위	이더리움	529달러	520억 2944만
3위	리플	0.7달러	257억 476만
4위	비트코인캐시	946달러	161억 818만
5위	라이트코인	155달러	86억 3820만
6위	카르다노	0.2달러	42억 9884만
7위	네오	65달러	42억 5632만
8위	스텔라	0.2달러	41억 4195만
9위	이오에스	4.8달러	35억 1475만
10위	아이오타	1.2달러	33억 8391만

자료 : 코인마켓캡(2018년 3월 19일 기준)

총칭한다. 알트코인은 비트코인을 보완하고 비트코인에 대항하기 위해 생겨났다. 대표적인 알트코인으로 이더리움, 리플, 라이트코인 등이 있다.

세계 가상화폐의 기축통화, 비트코인

국내 대형 거래소 4곳 가운데 거래량 순위 1위인 업비트는 130개 (2018년 4월 13일 기준)의 코인을 취급하고 있다. 업비트 외에 빗썸은 15개, 코인원은 9개, 코빗은 12개로 취급하는 코인이 많지 않다.

가장 많이 취급하는 가상화폐는 비트코인이다. 리플, 이더리움, 이더리움클래식, 비트코인캐시, 비트코인골드는 네 개 거래소가

2009년 최초의 가상화폐 비트코인이 탄생한 후 수많은 알트코인들이 탄생했고 ICO를 통해 매일 다양한 가상화폐가 새로 생겨나고 있다.

모두 취급하고 있다. 그 외 알트코인의 경우 거래소별 취급 코인이 상이한 편이다.

가상화폐의 원조 격인 비트코인은 2009년 나카모토 사토시란 신원불명의 프로그래머가 처음 개발한 후 지금까지 거래되고 있다. 한때 1비트코인 당 가격이 2500만 원을 호가하기도 했다(2018년 4월 현재 700만 원대에서 거래되고 있다). 비트코인은 가격이 비싸지만, 소수점 여덟 자리까지 단위를 쪼개서 사고팔 수 있다. 비트코인의 최소 단위는 1사토시(Satoshi)로 0.00000001비트코인이다.

———   **말라가는 비트코인 광맥**

비트코인은 암호 해독을 통한 채굴로 얻을 수 있는데, 사토시는 2040년까지 비트코인 발행량을 총 2100만 비트코인으로 설정했다. 통화량이 무한정 늘어나 인플레이션이 발생하는 것을 막기 위해 사토시는 발행량을 제한했다. 비트코인을 채굴하기 위해서는 난수(亂數, random number : 특정한 순서나 규칙을 가지지 않는 수)를 발생시켜 암호를 해독해야 한다. 난수가 올라갈수록 암호 해독과 채굴이 오래 걸리면서 비트코인 증가세가 둔화됐고 비트코인 가격이 상승했다. 최근 비트코인 채굴량이 80%를 돌파하면서 추가 채굴이 어려워졌다. 이 때문에 희소성으로 가격이 더 오를 것이란 전망과 오히려 자체적인 한계를 드러내며 가격이 하락할 것이란 전망이 맞서고 있다.

비트코인을 위협하는 알트코인 선두주자, 이더리움과 리플

비트코인에 이어 가상화폐 열풍을 확산시킨 이더리움(Ethereum)은 러시아 이민자 출신 캐나다인 비탈릭 부테린(Vitalik Buterin)이 2014년에 개발했다. 여러 알트코인 가운데 가장 대표적인 가상화폐로 자리 잡으며 세계 2위 규모의 가상화폐로 성장했다.

후발주자인 이더리움은 '스마트 콘트랙트(smart contract, 자동화된 거래 규약)'라는 전자 계약 기능 덕분에 짧은 기간 안에 가상화폐 2인자 자리를 차지할 수 있었다. 스마트 콘트랙트는 미리 지정해 놓은 특정 조건이 일치될 때 자동으로 계약이 실행되는 프로그램이다. 계약을 자동 이행하는 스마트 콘트랙트를 데이터를 조작할 수 없는 블록체인에 접목하면, 계약 내용이 위조·변조되는 것을 원천 봉쇄할 수 있다. 이더리움은 스마트 콘트랙트에 특화된 블록체인 플랫폼이다.

스마트 콘트랙트 기술을 기반으로 기업형 블록체인 솔루션을 공동 개발하는 '엔터프라이즈 이더리움 얼라이언스(EEA)'에 다국적 기업들이 하나둘 합류하면서 이더리움의 가치가 급등하기 시작했다. 국내의

가상화폐 시가총액 2위 이더리움의 창시자 비탈릭 부테린. 그는 스무살에 이더리움을 창안했다.

삼성SDS를 포함해 마이크로소프트, 인텔, JP모건 등 30여 개 다국적 기업들이 EEA의 회원사다.

리플(Ripple)은 2004년 리플 페이(Ripple Pay)란 이름으로 전 세계 은행 간 실시간 자금 송금을 위한 서비스로 개발됐다. 2012년 오픈코인이라는 회사가 설립된 후 가상화폐가 발행됐다. 전체 코인 양이 1000억 개로 한정돼 있으며, 거래가 가능한 유통 물량은 380억 개다. 금융 거래 목적으로 개발돼 채굴 방식을 사용하지 않는 것이 특징이다. 코인 발행은 미국 샌프란시스코에 본사를 둔 '리플사'에서 독점한다. 리플은 실시간 일괄 정산 시스템과 환전, 송금 네트워크를 갖추고 있다.

—— **세포 분열로 탄생한 알트코인들**

비트코인과 기존 알트코인에서 분화돼 나온 가상화폐도 최근에는 대중적으로 거래된다. 비트코인캐시(Bitcoin Cash)와 비트코인골드(Bitcoin Gold), 이더리움클래식(Ethereum Classic) 등이다.

비트코인캐시는 2017년 8월 비트코인에서 파생됐다. 비트코인 거래량이 늘면서 네트워크 과부하가 일자, 개발자와 채굴 단체들이 비트코인 블록체인 개선을 논의했다. 일부는 세그윗(segregated witness : 기존 블록체인을 유지하되 일부 비트코인 거래를 외부에서 처리하는 방식)을 도입하고자 했다.

하지만 일부 채굴자들이 이를 반대하고 하드포크(hard fork : 기

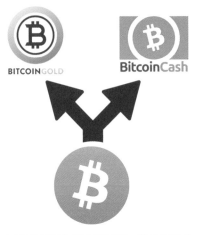

비트코인캐시와 비트코인골드는 비트코인에서
하드포크로 새롭게 생성된 가상화폐다.

존 블록체인과 호환되지 않는 새로운 블록체인에서 다른 종류의 가상화폐를 만드는 것)를 시행해 새로운 블록체인을 생성했다. 이 블록체인에서 사용되는 코인이 비트코인캐시다. 비트코인골드는 비트코인캐시에 이어 2017년 10월 비트코인에서 두 번째로 분리된 가상화폐다.

이더리움클래식은 반대로 하드포크 이전의 옛 이더리움이다. 2016년 6월 해커들이 이더리움 보안의 취약점을 찾아내 이더리움 코인을 해킹하는 사건이 발생했다. 이더리움 재단은 이를 해결하기 위해 하드포크를 통해 이더리움을 업그레이드했다.

당시 하드포크로 생긴 새로운 가상화폐가 지금의 이더리움이 됐고, 이에 동의하지 않은 개발자 그룹은 기존 가상화폐를 이더리움클래식으로 상장했다.

채굴 빠르고 익명성 강한 코인들

라이트코인(Litecoin)은 2011년 10월 구글 엔지니어 출신 찰리 리

현재 전 세계 122개 거래소에서는 1500여 종의 가상화폐가 거래되고 있다. 미래 화폐를 대체하기 위한 가상화폐 전쟁은 계속될 전망이다.

(Charlie Lee)가 개발한 디지털 가상화폐다. 비트코인이 10분마다 블록을 형성하는 반면 라이트코인은 2분 30초마다 블록을 형성하기 때문에 거래 속도가 더 빠르다. 또 라이트코인은 채굴량이 비트코인(2100만 개)보다 네 배 많은 8499만 개로 설정됐다. 특히 2017년 12월 라이트코인을 만든 찰리 리는 코인 가격이 75배 오른 시점에서 자신이 보유한 라이트코인을 전량 매각해 주목받기도 했다.

대시(DASH)는 2014년 1월 엑스코인으로 출시된 후, 2월 다크코인으로 이름을 바꿨고, 2015년 3월 대시로 정식 명칭이 변경됐다. 마스터 노드라는 새로운 형태의 노드(node)를 구성해 최소 세 개 이상의 거래를 묶는 방법을 사용했다. 많은 거래를 하나로 묶어 거래 기록을 감추는 기능 탓에 제3자가 거래 내역을 알 수 없다. 그만큼 익명성이 강한 것으로 평가받고 거래 승인 시간도 1초 이내로 빠르다. 여기에서 노드는 네트워크 상에서 단말장치나 통신 처리 장치 즉, 컴퓨터를 의미한다. 다만 마스터 노드 위치가 늘 노출된다는 단점도 있다. 최대 발행량은 2250만 개다.

카르다노(Cardano)는 비트코인 핵심 개발자이자 이더리움의 공동창업자 찰스 호스킨슨(Charles Hoskinson)이 운영하는 IOHK 가 2017년 9월 선보인 플랫폼이다. 카르다노 플랫폼에서 사용되는 코인이 에이다(ADA)다. 카르다노 에이다는 출시 4개월여 만인 2018년 1월에 시가총액 5위를 기록하며, 놀라운 상승세를 보였다. 카르다노 측은 비트코인이 1세대라면 이더리움은 2세대, 카르다노는 3세대라고 주장한다.

카르다노는 모바일에 최적화된 암호화 플랫폼이다. 스마트 콘트랙트 기능을 담은 이더리움에서 한 발 더 나가 소유자들의 합의를 통해 발전 방향이 결정된다. 또한 함수형 프로그래밍 언어인 하스켈로 구축돼 금융을 넘어 다양한 분야에 폭넓게 사용할 수 있다.

가상화폐는 마치 세포 분열을 하듯 계속 새로운 가상화폐를 만들어 내고 있다. 비트코인 대 알트코인, 알트코인 대 알트코인 등 미래 화폐를 대체하기 위한 가상화폐 전쟁은 계속될 전망이다.

투자자를 성나게 한
'가상화폐 등급 소동'

─── 가상화폐 가운데 '될 놈'을 고르는 시도

정부 규제 이후 가상화폐 거품이 사그라지는 모양새지만 가상화폐 투자에 대한 관심은 여전하다. 투자 차원에서 본다면, 비트코인이나 이더리움 등을 필두로 한 1500여 종이 넘는 가상화폐 가운데 소위 '될 놈'을 고르는 것이 관건이다. 하지만 어느 코인을 왜 사야 하는지에 대한 정보는 극히 제한적이다.

이런 가운데 2018년 1월 미국의 신용평가사 한 곳에서 가상화폐 등급을 발표했다. 발표 이후 등급 자료를 유료로 배포하고, 시가총액 규모가 가장 큰 비트코인의 등급이 'C+'에 그치며 투자자들의 분노를 샀다. 그러나 이들이 책정한 기준과 앞으로 가상화폐에 대한 또 다른 투자등급 평가가 시도될 수 있다는 측면에서 '첫 가상화폐 등급'은 주목해볼 만하다.

가상화폐의 '황제주' 비트코인이 받은 성적표

2018년 1월 24일 미국 신용평가사인 와이스 레이팅스(Weiss Ratings)는 비트코인을 포함한 74종의 가상화폐 등급을 발표했다. 가상화폐를 평가해 등급을 매긴 것은 처음이다.

이들은 'A(매우 우수함)', 'B(우수함)', 'C(보통)', 'D(약함)', 'E(매우 약함)' 등 5단계로 등급을 매겼다. 74종 가운데 'B+' 이상과 'D-' 이하는 없었다. B 등급 이상은 20개 코인에 불과했고, D 등급이 15개, 나머지는 C 등급 대의 점수를 받았다.

여기서 논란이 된 것은 가장 대중적으로 거래되고 있는 비트코인 등급이다. 보고서에 따르면 시가총액 1위인 비트코인은 보통 수준에 해당하는 'C+'를 받았다. 와이스 레이팅스는 비트코인에

시가총액 상위권 가상화폐의 등급

시가 총액 순위	가상화폐	등급	시가 총액 순위	가상화폐	등급
1위	비트코인	C+	6위	라이트코인	C+
2위	이더리움	B	7위	네오	B-
3위	리플	C	8위	스텔라	C
4위	비트코인캐시	C-	9위	이오스	B
5위	카르다노	B-	10위	아이오타	-

※ 와이스 레이팅스가 제시한 주요 가상화폐 등급(코인마켓캡 시가총액 10위까지, 아이오타는 등급 미제시)

자료 : 와이스 레이팅스(2018년 1월 24일 발표)

C+ 등급을 매긴 사유로 네트워크 병목에 따른 거래 지연과 높은 비용, 업그레이드 계획 부재 등을 들었다.

시가총액 2위인 이더리움은 B 등급을 받았고, 3위인 리플은 C에 그쳤다. 오히려 이오스(B)와 네오(B-), 카르다노(B-) 등 상대적으로 낯선 이름의 가상화폐들이 비트코인 등급을 앞섰다.

───── ## 비트코인 등급에 성난 투자자들

한국을 비롯한 가상화폐 투자자들은 평가 결과에 반기를 들며 강한 항의에 나섰다. 와이스 레이팅스가 무디스(Moody's)나 스탠더드 앤드 푸어스(S&P)처럼 인지도 높은 신용평가사가 아니라는 점에서도 비판을 받았다. 실제로 와이스 레이팅스의 등급 발표 후 주요 코인들의 시세에는 큰 변화가 없었다.

와이스 레이팅스는 미국 신용평가업계에서 사실상 존재감이 크지 않은 중소형 신용평가사에 불과하다. 1971년 설립 후 한때 명성이 자자했지만 1990년대를 정점으로 빠르게 인기가 식었다. 그러면서 와이스 레이팅스가 시장의 시선을 끌고 새로운 돈벌이를 위해 가상화폐 등급을 내기 시작했다는 평가가 나온다. 실제로 와이스 레이팅스는 가상화폐 등급 보고서를 내며 최초의 가상화폐 등급 보고서임을 강조했고, 일정 기간 구독을 신청한 투자자들에게는 보고서를 반값에 제공하겠다는 설명도 덧붙였다.

2018년 1월 24일 미국의 신용평가사 와이스 레이팅스가 발표한 가상화폐 등급에서 비트코인은 'C+(보통)' 등급을 받았다. 한국을 비롯한 가상화폐 투자자들은 평가 결과에 반기를 들며 강하게 항의했다.

와이스 레이팅스나 이들이 매긴 등급에 대한 논란에도 불구하고 첫 가상화폐 등급 책정이 아예 의미가 없는 것은 아니다. 실제로 일부 투자자들은 와이스 레이팅스의 등급대로 투자에 나서기도 했다. 이를테면 B- 등급을 받은 스팀(Steem)은 보고서 발표 후 30% 이상 가격이 뛰기도 했다.

와이스 레이팅스가 등급 책정에 활용한 기준들도 참조할 만하다. 이들은 가상화폐 각각의 거래 패턴과 리스크, 잠재적 보상 가능성, 블록체인 기술, 보안과 적용 측면에서의 펀더멘털 등 다양한 요소들을 고려했다.

리스크 지수는 가격 변동성과 등락 폭 및 빈도를 측정하고 보상 지수는 벤치마크 대비 절대수익률을 따진다. 기술 지수의 경우 익명성의 수준과 등급 상승 가능성, 에너지 효율성, 다른 블록체인과의 호환성, 기술적인 강약점 등을 체크했다. 펀더멘털 지수는 거래 속도와 시장 침투력, 네트워크 보안과 블록 형성의 탈중앙화, 대중의 수용성 등 다양한 요소들을 담았다고 밝혔다.

와이스 레이팅스의 경우 자신들이 무디스나 S&P와 다르게 등급 책정 기업들로부터 어떤 보상을 받지 않고 있는 점을 강조했다. 가상화폐를 만드는 기업들로부터도 마찬가지란 얘기다.

가상화폐 투자 회사인 아리 폴 블록타워캐피털 최고투자책임자(CIO)는 "와이스의 시도는 가상화폐 산업의 제도화 및 신용등급 적용의 확산 차원에서 좋은 예"라고 평가하기도 했다.

다만 가상화폐를 등급화해 점수를 매기는 과정은 아직 상징적인 의미가 크고, 앞으로 가상화폐 평가 확산 등으로 이어질지를 더 주목해야 한다는 조언이다.

가상화폐의 경우 IPO와 달리 블록체인 안에서 신사업에 대한 필요성에 이바지하기 위해 모집된 자금인 만큼 실체가 있는 기업 채권을 평가해 온 신용평가사들이 이와 유사한 방식으로 가상화폐 등급을 매길 수 있느냐에 대한 논란도 있다.

와이스 레이팅스가 매긴 가상화폐 등급보다는 가상화폐 평가가 확산될지 여부를 주목해야 한다.

아리 폴 CIO는 와이스 레이팅스가 비트코인 등급 책정에서 가상화폐의 핵심 가치를 잘못 이해했다고 지적했다. 평가 기준 가운데 거래 가능성에 과도한 비중을 뒀고 프로토콜(protocol : 데이터를 주고받는 통신 방법에 관한 규칙) 안정성이나 보완성, 탈집중화 등에 대해서는 의미를 적게 부여했다는 설명이다.

반면, 와이스 레이팅스는 보고서 배포 이후에도 비트코인의 C+ 등급을 정당화하는 내용을 지속적으로 게재하고 있다. 2018년 2월 5일에는, 비트코인이 2017년 빠른 가격 상승에도 다른 알트코인들과의 경쟁 기반이 부족하고 최근 수개월 간 변동성이 커지면서 투자 리스크가 높아졌다고 설명했다. 2월 7일에는 비트코인 지배력이 예전만 못해진 점이나 과도한 투기 세력이 유입되고 있는 점, 비이성적인 과열이 비이성적 공포로 이어진 점도 비트코인에 부담을 주고 있다고 지적했다.

5만 달러 vs. 0달러

───── **'버블 붕괴'라는 예고된 종말**

가상화폐 가격을 둘러싼 전망은 극과 극을 달리고 있다. 비트코인을 포함한 주요 가상화폐 가격은 잇단 규제 우려 속에 급등락을 거듭하고 있다. 우리나라를 포함한 각국 정부가 가상화폐 시장에 대한 규제 고삐를 죄고 있는 가운데 가상화폐 비관론자들은 가상화폐 가치가 제로(0)가 될 것이라며 경고의 목소리를 높이고 있다. 반면 시장에서는 가격이 다시 오를 요인이 남아있다고 맞서고 있다.

2017년 초 100만 원 안팎에서 거래되던 '가상화폐 대장주' 비트코인 가격은 한때 2500만 원까지 치솟았다가 700만 원대로 폭락했다. 최근 들어 1300만 원 수준(2018년 2월 22일 기준)까지 회복했지만, 여전히 불안한 모습이다.

이현재 청주대학교 교수는 "정부 규제, 투기 세력, 해외시장 상황 등 제도가 완비되지 않은 상태에서 시장을 흔드는 요인이 너무 많은 것이 가격 불안정의 원인"이라고 말했다. 2018년 1월 말 1600만 원 선에서 거래되던 비트코인이 불과 몇 시간 만에 11% 이상 하락(1200만 원대)한 것도 금융 당국이 가상화폐 거래 실명제 시행을 예고한 영향 탓이다.

문제는 이러한 규제 움직임이 한동안 계속될 것이라는 데 있다. 2017년 말부터 크리스틴 라가르드(Christine Lagarde) 국제통화기금(IMF) 총재와 스티븐 므누신(Steven Mnuchin) 미국 재무장관 등 해외 주요 인사들은 가상화폐 거래 통로가 자금 세탁에 악용될 가능성이 있다며 규제를 강화해야 한다는 취지의 발언을 잇달아 내놨다.

가상화폐 전망은 가상화폐의 미래 가치를 어떻게 보느냐에 따라 달라진다. 비관론자들은 가상화폐 가치가 제로(0)로 추락할 것이라고 전망하고, 시장에서는 가격이 다시 오를 요인이 남아있다고 맞서고 있다.

이러한 움직임은 가상화폐 비관론으로 이어진다. 스티브 스트롱긴(Steven H. Strongin) 골드만삭스 상품조사 담당 이사는 "규제 속에서 가상화폐가 살아남을 가능성은 거의 없다"고 말했다. 2008년 글로벌 금융위기를 예견한 누리엘 루비니(Nouriel Roubini) 뉴욕대학교 교수도 2018년 2월 초 트위터에서 비트코인 가격 거품이 정부 당국 규제로 꺼질 것이라는 취지로 "버블이 꺼지면 비트코인 가격이 결국 0달러로 떨어질 것"이라고 말했다.

비관론자로 유명한 '닥터 둠' 루비니 교수는 "비트코인은 내재 가치 또는 교환 가치가 없다. 버블이 꺼지면 결국 가격이 제로로 떨어질 것"이라고 예상했다. 그는 "비트코인 버블은 인류 역사상 최대의 버블로 기록될 것"이라고 덧붙였다.

반면 가상화폐 시세가 반등에 성공할 것이라는 기대의 목소리도 꾸준히 나온다. 대개 이러한 낙관론은 규제를 통해 가상화폐 시장이 안정되면 가상화폐에 대한 가치 평가가 제대로 이뤄질 것이라는 기대에 근거한다.

신원희 코인원 이사는 2018년 2월 7일 국회에서 열린 한 토론회에 참석해 "가상화폐는 투자 상품이 아니라 인류 기술을 이끌 차세대 화폐"라고 강조하며 "지금은 가상화폐가 소개된 지 얼마 되지 않아 현 단계에서 이 기술에 대한 가치를 평가하는 건 이른 감이 있다"고 말했다.

여기에 간접투자 상품이 확대되면 시세를 끌어올릴 수 있다는 분석도 제기되고 있다. 현재 미국 내 비트코인 상장지수펀드(ETF)들은 꾸준히 상장을 시도하고 있다. 이들 ETF가 상장에 성공하면 더 많은 투자자가 유입될 것으로 전망된다.

해외에서는 이런 이유를 들어 비트코인 가격이 5만 달러(약 5400만 원)까지 오를 것이라는 전망도 나온다. 미국 가상화폐 거래소 '게이트코인'의 토머스 글룩스먼(Thomas Glucksmann) 아시아태평양(APAC) 사업개발 부문장은 "기술 진보에 주목하는 기관투자자들이 가상화폐 시장에 진입하면 2018년 말에 5만 달러까지 오를 것"이라고 내다봤다.

왼쪽부터 토머스 글룩스먼 게이트코인 APAC 사업개발 부문장과 누리엘 루비니 뉴욕대학교 교수. 글룩스먼 부문장은 2018년 말 비트코인 가격이 5만 달러까지 오를 것이라고 예상했지만, 루비니 교수는 0달러로 떨어질 것으로 내다봤다.

가상화폐의 미래 가치는 어디로 수렴될 것인가?

결국 가상화폐 가격 전망은 미래 가치를 어떻게 보느냐에 따라 나뉘는 셈이다.

비관론자들은 가상화폐에는 아무런 미래 효용 가치가 없기 때문에 규제가 몰아닥칠 경우 이를 견뎌낼 힘이 없다고 본다. 낙관론자들은 가상화폐가 현재 통용되는 화폐 기능을 전부 갖출 수는 없을지라도 화폐 대체재 기능을 할 것으로 예상한다.

이에 일부에서는 가상화폐 효용을 어떻게 볼 것인지에 대한 사회적 논의가 우선되어야 한다고 지적한다. 가상화폐 시세와 투자에 매몰된 시선을 이제는 가상화폐의 의미가 무엇인지를 찾는 쪽으로 바꿀 필요가 있다는 얘기다.

익명을 요구한 한 업계 관계자는 "주식시장은 투자를 통해 회사 가치를 평가하는 곳인데 투기 세력이 장난을 치면 가치 평가는 온데간데없이 사라지고 투기판만 남는다. 지금 가상화폐 시장도 마찬가지 상황"이라고 설명했다.

홍승필 성신여자대학교 교수는 "가상화폐 생태계에 대한 논의가 없는 상태에서 거래 시장에 대한 논의에만 집중하는 것은 바람직하지 않다"면서 "가상화폐의 기반 기술인 블록체인을 어떻게 활용할지 등 본질적인 문제부터 논의를 시작해야 한다"고 주장했다.

가상화폐,
나도 한 번 투자해볼까?

가상화폐 거래소에서 직접 거래

비트코인이 새로운 투자 수단으로 주목받으면서 일반 개인들의 투자도 늘고 있다. 비트코인에 투자하고 싶다면 비트코인 거래소에서 직접 비트코인을 사고팔 수 있다. 또 비트코인에 투자하는 금융 상품을 통해 간접적으로 투자할 수도 있다. 다만 아직 국내에는 비트코인 간접투자 상품이 활성화되지 않은 상태다.

비트코인을 투자 수단으로 거래하고 싶다면 방법은 의외로 간단하다. 주식을 거래할 때 증권사에서 계좌를 만든 후 트레이딩시스템을

가상화폐 투자를 고민한다면 가상화폐를 거래하기 전에 먼저 소액으로 주식이나 펀드에 투자해 훈련해 볼 것을 권한다.

비트코인 거래소별 수수료				
	매매 수수료 (① Taker Fee)	매매 수수료 (② Maker Fee)	원화 출금 수수료(원)	비트코인 출금 수수료(BTC)
bithumb 빗썸	0.15%	0.15%	1,000	0.001
KORBIT 코빗	0.08%	0.20%	1,000	0.001
coinone 코인원	0.10%	0.10%	1,000	0.0015
UPbit 업비트	0.05%	0.05%	1,000	0.0005

* 기준 : 2018년 4월

* ① Taker Fee는 즉시 체결되는 주문에 대한 수수료. ② Maker Fee는 바로 체결되지 않는 주문에 대한 수수료.

* 가장 낮은 거래 등급 기준

깔아 거래하듯, 비트코인을 거래하는 거래소에 가입하면 비트코인을 직접 사고팔 수 있다.

국내에서 비트코인을 거래할 수 있는 대형 가상화폐 거래소는 빗썸과 코빗, 코인원, 업비트 등이 있다. 사이트 가입 방식은 대부분 유사하다. 본인 인증을 거쳐 가상 계좌를 개설하고 현금을 입금한 후 이 계좌를 통해 비트코인을 거래하면 된다. 2018년 1월 말 가상화폐 거래 실명제 도입 이후 4대 거래소만 은행 계좌를 통한 입금이 가능하다.

비트코인의 경우 소액 투자도 가능하다. 현재 비트코인 1개 가격은 수백만 원을 호가하지만 '0.001비트코인' 등 소수점 단위로도 거래할 수 있다. 실제 매매가 이뤄지면 거래 수수료도 내야 한다.

단타는 물론 공매도도 가능

비트코인은 외환 시장 거래처럼 가격이 오를 것 같으면 사고, 내릴 것 같으면 팔면 된다. 거래가 손쉬운 만큼 단타를 노리고 거래하는 투자자들도 꽤 많다.

요즘에는 신용거래는 물론 공매도˚와 마진거래 등 다양한 방식의 거래도 가능해졌다. 비트코인 가격 상승에 베팅하거나 매수와 매도를 반복하는 스윙거래˚, 더 나아가 여러 거래소 간 호가 차이를 이용한 차익거래도 할 수 있다.

다만 비트코인은 주식처럼 원금이 보장되지 않는다. 게다가 국내 주식시장에 존재하는 가격제한폭이 없어 변동 폭이 훨씬 크다는 점도 유의해야 한다.

공매도(空賣渡, short stock selling)
A기업의 주가 하락이 예상될 때 A기업 주식을 증권사 등으로부터 빌려 미리 판 다음, 주가가 내려가면 싼값에 주식을 매수해 갚아 매매차익을 보는 거래다.

스윙거래(swing trading)
단기적인 수익을 목적으로, 한번 매수하면 3~4일 정도 보유하면서 적정 수익이 났을 경우 주식을 매도하는 매매 기법이다.

가입 후 구매까지 5분 만에 완료!

비트코인 거래소 가운데 빗썸에 들어가 직접 비트코인을 구매해봤다. 먼저 회원 가입이 필요한데, 몇 가지 인증 과정을 거치면 손쉽게 할 수 있다. 회원 가입까지 채 5분도 걸리지 않는다.

홈페이지에서는 비트코인을 비롯해 다양한 가상화폐 가격 변화를 실시간으로 볼 수 있다. 빗썸에서 체험 이벤트로 제공하

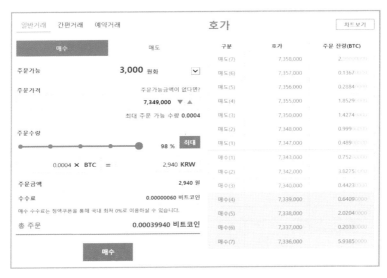

일반거래 간편거래 예약거래		호가		차트 보기
매수	매도	구분	호가	주문 잔량(BTC)
주문가능	3,000 원화 ⌄	매도 (7)	7,358,000	2.
		매도 (6)	7,357,000	0.1367
주문가격	주문가능금액이 없다면?	매도 (5)	7,356,000	0.2884
	7,349,000 ▼ ▲	매도 (4)	7,355,000	1.8529
	최대 주문 가능 수량 0.0004	매도 (3)	7,350,000	1.4274
주문수량		매도 (2)	7,348,000	0.999
●━━●━━●━━●━━● 98 % 최대		매도 (1)	7,347,000	0.489
		매수 (1)	7,343,000	0.752
0.0004 × BTC = 2,940 KRW		매수 (2)	7,342,000	3.8275
주문금액	2,940 원	매수 (3)	7,340,000	0.4423
수수료	0.00000060 비트코인	매수 (4)	7,339,000	0.6409
매수 수수료는 정액쿠폰을 통해 국내 최저 0%로 이용하실 수 있습니다.		매수 (5)	7,338,000	2.0204
총 주문	0.00039940 비트코인	매수 (6)	7,337,000	0.2033
매수		매수 (7)	7,336,000	5.9385

비트코인 구매 화면.

는 3000원을 가지고 먼저 비트코인을 구매했다. 화면에 표시된 최대 구매 가능 수량인 0.0004비트코인을 사는데 2940원이 들었다. 여기에 0.15%의 수수료 0.00000060비트코인을 차감한 0.00039940비트코인을 실제로 구매했다.

비트코인(모든 가상화폐) 거래를 위해서는 실명 확인 입출금 서비스에 가입자 본인 명의의 계좌를 등록해야 한다. 등록하는 이체 계좌 명의는 회원명과 동일해야 하고 한 번 등록하면 변경할 수 없다. 이체 계좌를 등록하면 실명 확인 입출금 번호가 발급되며, 입출금 번호는 다시 발급받을 수 없다.

사실 비트코인은 대표적인 가상화폐일 뿐 이더리움, 라이트코인, 리플 등 최근 주목받는 가상화폐는 다양하다. 시가총액 기준으로

비트코인에 이어 2위인 이더리움은 비탈릭 부테린(Vitalik Buterin)이 2014년 개발한 가상화폐다. 이더리움 역시 블록체인 기술을 기반으로 하고 비트코인처럼 컴퓨터 프로그램으로 채굴해 얻을 수 있다. 국내에서는 2017년 3월 이더리움이 거래소에 상

비트코인에 이어 시가총액 2위의 가상화폐 이더리움.

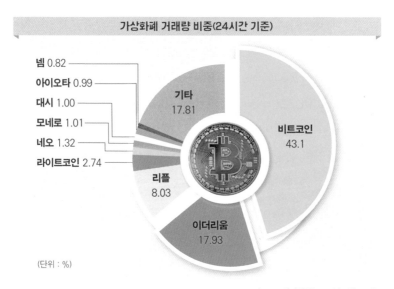

가상화폐 거래량 비중(24시간 기준)

넴 0.82
아이오타 0.99
대시 1.00
모네로 1.01
네오 1.32
라이트코인 2.74

기타 17.81

비트코인 43.1

리플 8.03

이더리움 17.93

(단위 : %)

자료 : 코인마켓캡(2018년 3월 18일)

장됐고, 2018년 들어 원화로 거래되기 시작했다.

지금은 비트코인과 이더리움의 시가총액이 1500억 달러에 육박하며 가상화폐 시장에서 차지하는 비중이 60%가 넘을 정도로 압도적이다. 하지만 다른 가상화폐들로도 투자가 점차 확대되고 있다.

─── 간접투자 상품도 일부 출시

직접 투자가 불안하다면 비트코인 가격 흐름을 좇는 금융 상품도 있다. 국내는 아니지만 이미 전 세계적으로 비트코인 가격을 추종하는 펀드와 상장지수펀드(ETF)가 이미 출시돼 거래되고 있다.

상장지수펀드(ETF : Exchange Traded Fund) KOSPI200, KRX300처럼 특정한 지수의 움직임에 연동해서 운용되는 인덱스 펀드의 일종으로 거래소에 상장되어 실시간으로 매매된다.

비트코인 투자 상품			
상품명	티커	2016년 수익률 (YTD)(%)	비고
Bitcoin Tracker One-USD	COINXBT SS	269.47	국내 거래 불가능
Bitcoin Tracker EUR	COINXBE SS	272.61	국내 거래 불가능
Bitcoin Investment Trust	GBTC	467.30	사모펀드, 국내 거래 불가능
ARK Web x.0 ETF	ARKW	58.10	비트코인에 일부 투자

비트코인 가격 흐름을 좇는 상장지수펀드(ETF)들은 2016년 높은 수익률을 기록했다.

　2016년 성과가 가장 좋은 ETF 중 1, 3위를 차지한 것은 비트코인에 투자하는 ETF였다. 'Bitcoin Tracker One-USD (COINXBT SS)'는 142.68%, 'Bitcoin Tracker EUR (COINXBE SS)'는 132.78%의 수익률을 기록했다. 아쉽게도 이들은 스웨덴에 상장돼 있어 국내에서는 거래할 수 없다.

　최초의 비트코인 투자 펀드는 그레이스케일 인베스트먼트(Grayscale Investment)의 '비트코인 인베스트먼트 트러스트(Bitcoin Investment Trust)'다. 2013년에 사모로 설정됐고 펀드의 설정 및 환매에 따라 실제 비트코인을 사고파는 구조로 운용된다.

　비트코인에 일부를 투자하는 'ARK Web x.0 ETF(ARKW)'도 있다. 본래 사물인터넷(IoT), 클라우드 웨어러블 디바이스, 디지털 통화 등 인터넷 기반 혁신 기술에 초점을 맞춘 액티브 ETF다. 직접 ETF를 보유하지 않고 장외시장에 상장된 비트코인 인베스트먼트 트러스트를 3% 정도 편입하고 있다.

이 밖에 미국 시카고 상품거래소(CBT)는 2017년 11월 비트코인 가격을 추적하는 지수를 출시했고, 선물 지수도 출시할 계획이다. 상품선물거래위원회(CFTC)는 2018년 7월 스타트업 기관인 레저엑스(LedgerX)의 가상화폐 기초 파생상품 취급을 인가해 2018년 중 비트코인 옵션이 나올 예정이다.

다만 아직 비트코인 투자 상품이 대중화되진 않은 만큼 상품이 다양하지는 않다. 비트코인이 가장 활성화된 미국에서조차 비트코인 ETF 상장은 번번이 무산되고 있어 귀추가 주목된다.

가상화폐는 주식과 비교할 수 없을 정도로 고위험 자산으로 분류할 수 있다. 특히 현재까지는 거래 과정에서 어떠한 규제도 받지 않고 있다. 가상화폐에 투자할 때는 투자자들이 위험성을 스스로 인지하고 조심하는 것이 중요하다.

초짜들의
가상화폐 투자 체험 1

───

가상화폐, 가즈아~!

가상화폐 광풍이 몰아친 후 정부는 규제의 칼을 갈고 있다. 시장은 정부가 칼춤을 출 때마다 출렁거리고 있다. 한때 2500만 원을 호가했던 비트코인 가격은 700만 원까지 떨어졌다가 2018년 설 연휴에 반등해 1300만 원대로 돌아왔다.

주변에서 가상화폐 투자로 수천만 원을 벌었다는 얘기들이 퍼지면서 시장 주변을 기웃거리는 사람들이 여전히 많다. 투자해서 손해를 봤다는 얘기보다 돈을 벌었다는 소문에 귀가 솔깃해지는 게 보통 사람들의 심리다.

이에 필자들은 가상화폐에 직접 투자해보기로 했다. 직접 투자를 통해 거래소 운영 실태와 코인 종류별 특징 등 투자 환경도 살펴보고, 주식이나 펀드 투자와는 어떻게 다른지, 가상화폐 투자가

가상화폐 투자 체험기 1

	A	B	C	D

거래소	코인원	빗썸	코빗	업비트
투자 화폐	이더리움	리플	비트코인, 리플	–
거래 개시일	2018년 1월 31일	2018년 2월 10일	2018년 2월 8일	–
거래 내역	매수 후 보유	30여 차례 매매	비트코인 매수 후 차익 실현, 리플 매수 후 보유	–
수익률*	-8.7%	6.8%	38.0%	–
한 줄 평가	시장 이해 곤란, 출구 전략 짜기 어려워	도박판 같다	닷컴 버블 떠오른다	투자를 못하니 답답

* 수익률은 2018년 2월 20일 기준

재테크의 대안이 될 수 있는지 등 투자 여건도 살펴보고자 한다.

투자 체험에는 나름 호기심이 많고 '운빨'이 좋다고 소문난 기자 네 명(A, B, C, D 기자)이 참여했다. 네 명의 기자들은 가상화폐 실명 확인을 위한 은행 계좌 개설이 가능한 4대 거래소(빗썸, 코인원, 코빗, 업비트) 중 한 곳씩을 선택했다. 투자 대상도 대표적인 코인 위주로 각기 다른 종류를 고르기로 했다.

A(31세·남)는 코인원에서 이더리움을, B(28세·여)는 빗썸에서 리플을 거래하기로 했다. C(39세·남)는 코빗에서 비트코인을, D(33세·여)는 업비트에서 이른바 동전주(몇 백원에서 몇 천원만 있으면 살 수 있는 가상화폐)를 사기로 계획을 세웠다.

투자는 은행이 실명 계좌를 터주는 데 맞춰 시작했다. 그러나 업비트를 선택한 D는 신규 거래 길이 막혀 한 달여 기간 동안 투자를 하지 못했다(2018년 2월 20일 시점).

코인원에서 이더리움 산 A, "타이밍 잡기 어렵네"

A는 네 명 중 가장 먼저 거래를 시작했다. 가상화폐 실명제가 시행된 2018년 1월 30일 코인원에 신규 회원 등록을 마치고, 다음날 코인원에서 이더리움을 샀다. 절차가 까다로울 거라 예상했지만 실제로는 그렇지 않았다.

A는 가상화폐 거래만을 위한 신규 통장 개설은 불가능하다는 소식을 들었던 터라 공과금 고지서를 들고 농협을 찾았다. 농협을 찾은 이유는 코인원 거래 통장은 농협에서만 개설할 수 있기 때문이었다.

다음날에는 거래소에 신규 회원 등록도 마쳤다. 회원 등록 과정은 꽤 까다로웠다. 신분증을 손에 쥔 채 셀카를 찍어 올려야 했고, 실물 통장에 찍힌 인증번호를 확인하기 위해 ATM기를 찾느라 허둥댔다.

매수 타이밍을 찾던 A는 투자 커뮤니티에 오른 '지금이 매수 기회!'라는 글을 보고, 즉시 9만 6480원에 이더리움 0.0799개를 샀다. 놀랍게도 이날 이더리움 가격은 꾸준히 올라 오후 5시쯤에는

A가 가상화폐에 한 달 동안 투자하면서 느낀 점은 가격 등락 폭이 워낙 심해 매도 타이밍을 가늠하기 어렵다는 것이다.

자산평가액이 12만 원까지 올라갔다.

A는 2017년에 가상화폐에 투자해 2500만 원을 벌었다는 친구가 떠올랐다. 문득 '아예 처음부터 1000만 원을 넣었으면 200만 원을 벌었겠다'는 생각이 들었다.

기쁨도 잠시. 2월 들어 시세가 고꾸라졌다. 2월 둘째 주에는 고점 대비 48%에 달하는 하락 폭을 보이며 7만 5000원 대까지 떨어졌다.

다행히 설 연휴 일주일 전부터는 하루에 1000~2000원 사이의 등락 폭을 보이다가 2월 말 8만 8000원대까지 올랐다.

원금 대비 8.7% 손실을 본 셈이다.

A가 한 달 동안 투자하면서 느낀 점은 가격 등락 폭이 워낙 심

해 매도 타이밍을 가늠하기 어렵다는 것이다.

빗썸에서 리플 산 B,
"투전판 같다"

B는 가상화폐를 매력적인 투자 상품이라고 생각해왔다. 초기 자본이 많이 드는 부동산과 공부를 많이 해야 하는 주식에 비해 진입 장벽도 낮다는 게 매력적이었다. 적은 돈을 들여 단타로 치고 빠지기도 좋아 보였기 때문이다.

하지만 이런 생각은 투자를 시작하면서 180도 바뀌었다. "시장의 변동성이 너무 크고 가격 변동 이유를 알 수 없어 투전판과 다를 것이 없다"는 게 지금 B의 생각이다.

B는 신한은행과 농협을 통해 거래할 수 있는 빗썸을 택했다. 신한은행 계좌만 갖고 있던 B는 신한은행에서 거래를 시작하려고 했지만, 한동안 거래소 인증용 실명 확인 입출금 번호 발급이 되지 않았다.

한참을 기다리다 B는 농협에서 신규 계좌를 만들었다. 신규 계좌 개설 과정은 생각보다 까다로웠다. B는 재직증명서와 급여명세서를 챙겨 급여통장 계좌 개설을 시도했지만, 매달 20일인 급여일이 한참 남았다는 이유로 거절당했다.

창구 직원은 "새 계좌가 가상화폐 계좌용이 아니냐"고 물으면서도, "신용카드 거래 용도로는 개설이 된다"고 귀띔했다. B는 결국 신용카드 한 장을 더 만들었다. 거래소 계좌 등록은 계좌 개설 후 열흘이 지나서야 마칠 수 있었다. 빗썸이 기존 회원 실명 확인을 먼저 처리한 뒤에 신규 회원 가입을 받는다는 방침을 세웠기 때문이다.

B는 10만 원으로 리플 98개(1XRP = 1009원)를 9만 8882원에 구입했다. 30여 차례 매도와 매수를 반복하다 2월 16일에는 갖고 있던 리플을 모두 팔아 총 1만 3710원의 차익을 냈다. 17일 저녁부터 1200원대에 머물던 리플 가격이 1300원대 중반으로 치솟자 B는 조바심이 났다. 더 오르기 전에 다시 사놔야 한다는 생각이 들었기 때문이다.

결국 리플 74개를 1336원(20개), 1320원(24개), 1310원(30개) 등 세 차례에 나눠 매수했다. 그런데 이게 웬일인가! 시세는 다시 1200원대로 추락해 차익의 절반 이상을 날렸다. 2월 26일 현재 B가 남긴 차익은 6773원이다.

———

코빗에서 비트코인 산 C,
"차트와 감에 의존"

C는 코빗에서 비트코인 거래에 나섰다. 정부의 가상화폐 거래소 실명 확인 방침에 따라 코빗에서의 신규 등록이 2월 6일부터 가능했던 터라, 2월 7일이 돼서야 신한은행에서 신규 계좌를 개설할 수 있었다.

계좌 개설 절차는 까다롭지 않았다. 코빗은 신한은행 계좌만 받고 있다.

이튿날(8일) 거래소 등록을 마치고, 본인 인증 절차를 거친 C는 10만 원을 가상 계좌로 이체해 오전 9시 30분 비트코인 0.01153535개를 샀다.

비트코인 가격이 많이 떨어져 매수 시점이라고 판단했기 때문이다. 당시 체결가는 1비트코인이 866만 9000원이었다.

퇴근 후 비트코인이 10% 가량 오르자 매도에 나섰다. 오후 9시 41분, 체결가 956만 원(1비트코인)에 보유 비트코인을 전부 팔아 수수료 221원을 제외한 1만 57원을 남겼다.

그때 C의 눈에 들어온 건 리플. 싼 맛에 갈아타 보기로 했다. 당시 리플 시세는 600원대로 2018년 1월 초 4000원대를 기록한 것에 비하면 대폭 떨어져 있었다. C는 투자금(10만 원)에 수익금 일부(1만 원)를 더해 리플 126.53개를 샀다. 체결가는 868원. 2018년 2월 26일 현재 리플은 1000원대에서 거래가 이뤄지고 있어 15%가량의 수익을 내고 있다.

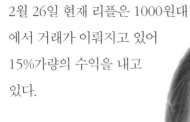

C는 가상화폐에 투자하며 회사 이름에 닷컴만 들어가면 무조건 폭등하던 닷컴 버블이 떠올랐다.

C는 닷컴 버블*로 IT 기술주 중심의 코스닥 종목 시세가 하루가 다르게 치솟던 1990년대 후반이 떠올랐다. 시세가 코인의 가치보다 차트와 감에 좌우된다는 게 그때와 닮아서다.

닷컴 버블
현대판 '골드러시'로 불리는 닷컴 버블은 인터넷이 폭발적으로 성장한 20세기 말 전 세계에서 동시다발적으로 발생했다. 회사 이름에 닷컴이 들어가면 너도나도 돈을 싸들고 가서 주식을 샀다. 2000년대 대부분의 닷컴 기업이 도산했다. 이때 살아남은 일부 기업이 아마존과 구글이다. 닷컴 버블 붕괴로 꼭짓점에서 닷컴주를 샀던 투자자들은 평균 80%의 손실을 보았다.

업비트에서 거래 개시 못한 D, "기다리다 날 샐 판"

D는 누구보다 가상화폐 투자에 의욕을 보였지만, 투자를 못하고 있다. 업비트에서 신규 가입자를 받지 않고 있어서다. 다른 거래소처럼 업비트도 기존 투자자에 대한 실명 확인 작업을 먼저 실시한 뒤 신규 회원 인증 절차를 진행하겠다는 방침을 세웠기 때문이다. 업비트에는 가입자가 많아서인지 2018년 2월 26일 현재까지도 신규 거래가 불가능한 상황이다.

D는 매일같이 신규 인증 버튼을 눌러보지만, 기존 회원만 가능하다는 메시지만 떠 답답해 하고 있다.

UPbit

신규 회원 본인 인증 일시 중단 안내

현재 신규 회원님들의 본인 인증 및 거래 이용이 일시 중단되었습니다.

자세한 내용은 공지사항을 참고 부탁드리며, 많은 양해 부탁드립니다.

확인

초짜들의
가상화폐 투자 체험 2

두 달여의 가상화폐 투자 대장정

필자들이 가상화폐에 직접 투자한 지 한 달이 지났다. 투자를 시작하고 '달랑 10만 원 가지고 무슨 투자냐?'란 쓴소리도 들었지만, 이후에도 필자들의 가상화폐 시장 체험은 계속됐다.

네 명의 기자는 국내 4대 거래소에 나눠 들어가 대표적인 코인 위주로 거래를 시작했다. 2018년 2월 26일 기준으로 38%의 수익률을 기록한 사람도 있었지만 손해를 본 경우도 있었다. 그로부터 다시 한 달이 지난 시점에서 투자 성과가 어떻게 나왔는지, 이들의 소회는 어떤지 한번 들어봤다.

가상화폐 투자 체험기 2

	A	B	C	D

거래소	코인원	빗썸	코빗	업비트
투자 화폐	이더리움, 아이오타, 리플	리플	리플	–
거래 개시일	2018년 1월 31일	2018년 2월 10일	2018년 2월 8일	–
거래 내역	여섯 차례 매매	없음	없음	–
수익률*	-37.0%	-33.0%	-19.0%	–
한 줄 평가	분산 투자로 손실 폭 줄였다고 생각	리플 하락세에 버티기 돌입	투자 열기 한풀 꺾인 듯	투자하려면 다른 거래소로 가야 할 판

* 수익률은 2018년 3월 22일 기준

코인원에서 분산 투자 나선 A, "가까스로 손실 줄였다"

코인원에서 이더리움에 투자해 2018년 2월 손실 (-8.7%)을 낸 A는 3월부터 분산 투자를 하기로 했다. 특정 코인 시세가 오르길 기다리는 건 감나무 밑에 누워 감 떨어지는 걸 기다리는 것 같았기 때문이다.

문제는 타이밍이었다. 3월 초 가상화폐 시장은 '대 하락장'에 접어들었다. 특히 3월 17일부터는 여러 가상화폐 커뮤니티에 '이

번 하락장은 역대급', '떨어지는 기세가 무섭다'는 반응들이 올라
왔다. 수천만 원을 날리고 코인판을 뜨겠다고 선언하는 사람도 적
지 않았다.

3월 초 7만 원 후반에서 등락을 반복하던 A의 자산 평가액도
19일 들어 4만 9000원까지 떨어졌다. A는 그나마 절반은 건져야
겠다는 생각에 손절매 금액을 5만 원대로 잡았다.

20일 오전 A의 자산 평가액은 5만 2000원에 도달했다. 곧바로
이더리움 0.0799개(개당 시가 59만 7500원)를 매도했다. 아울러 다
른 코인을 사들였다. 1350원에 아이오타 10개와 700원대인 리플
도 31.0013개 매수했다. 포트폴리오가 소형 코인 위주로 짜인 것
같아 이더리움 0.05개를 새로 샀다.

아이오타와 리플을 매수한 것은 다른 코인보다 등락 폭이 크게
움직이고 있어 단타로 손해를 만회하기 좋아 보였기 때문이다. 실
제로 이날 아이오타는 전일 대비 11% 가량 올랐고 이더리움도
10% 안팎의 상승세를 보였다.

A는 이틀에 걸쳐 여섯 차례 단타 거래 끝에 자산 평가액을 5만
6000원대까지 끌어올리는
데 성공했다. A는 다양
한 코인을 갖고 있어
그나마 손실을 줄였
다고 생각하고 있다.

빗썸에서 리플 산 B,
"손해 커 '존버' 간다"

2018년 2월 빗썸에서 리플 투자로 6773원의 차익을 남긴 B는 이달 들어 이른바 '존버 모드'에 진입했다. 존버는 오르기를 기다리며 버틴다는 의미의 은어다. B가 버티기에 나선 것은 한 달 동안 리플 가격이 너무 많이 떨어졌기 때문이다.

2018년 2월 17일 B는 1300원대에 리플을 매수했다. 며칠 뒤 리플 가격은 1100원대로 주저앉았고, 3월 들어서는 1000원 선도 깨졌다. 답답해 찾은 가상화폐 투자 커뮤니티에서는 좀 더 버텨보자(코인판 용어로 존버)는 사람들이 많았다. B도 이대로 손절매하기에는 아쉽다는 생각이 들었다.

하지만 시장 움직임은 기대와 달랐다. 시세가 계속 떨어지고 있었다. 2018년 3월 19일 리플 가격은 593원으로 고꾸라졌다(2017년 말 200여 원에 지나지 않았던 리플 가격은 2018년 초 4500원까지 치솟았었다).

B의 빗썸 캐시 잔고도 홀쭉해졌다. 한 달 전 11만 3800원대를 기록했던 C의 잔고는 5만 1100원으로 반 토막 났다. B는 이 정도 손실이면 털고 나오는 것도 의미가 없다 싶어 내버려두고 있다. 가상화폐 판이 투전판이나 다름없다는 생각이 더 강해졌다는 A는 아예 발을 뺄지 여부를 놓고 고민 중이다.

코빗에서 종목 바꾼 C,
"투자 열기 한풀 꺾인 듯"

C는 2018년 2월 코빗에서 비트코인과 리플 거래를 통해 단기간에 38%의 수익률을 달성하는 성과를 냈었다. 자신감이 붙었다. 주 종목을 비트코인에서 리플로 바꾼 C는 리플에 집중하기로 했다.

1000만 원에 달하는 비트코인보다 1000원대 소형주인 리플에서 더 큰 차익이 발생할 것으로 봤기 때문이다. 실제로 2018년 2월 8일 개당 860원대에 거래되던 리플 가격은 며칠 후 1460원까지 치솟았다.

하지만 앞서 B의 사례에서 보듯 리플 시세는 3월 들어 급락했다. 이로 인해 2월 한때 11만 원을 웃돌았던 C의 자산 평가액은 한 달 만에 8만 원대로 떨어졌다.

C는 가상화폐 시장이 국내 규제로 신규 고객 유입이 없다시피 하고 투자 열기도 한풀 꺾인 상태여서 당장 가상화폐 가격이 큰 폭으로 오르지는 않을 것으로 보고 있다.

업비트에서 신규 거래 못한 D, 종잣돈 지켜

업비트에서 거래를 하려 했던 D는 여전히 투자를 못하고 있다. 업비트가 한 달이 넘도록 신규 원화 고객의 거래를 받지 않아서다. 보안 인증을 하려고 하면 '기존 전용번호를 발급받은 회원만 실명 확인 계좌 인증이 가능하다'는 안내창만 뜨는 상황이다. 카카오톡 1대1 문의로 상담을 요청해 신규 계좌 인증 일정을 문의해봤다. '신규 회원 가입을 위해 자체적인 노력을 하고 있으니 기다려 달라'는 답만 받았다.

의욕적으로 가상화폐 시장에 들어왔지만 D는 아무 것도 하지 못한 채 한 달 이상을 보내야만 했다. 다만 종잣돈 10만 원이 그대로 남아있다는 것을 위안으로 삼고 있다. 다른 투자자 세 명이 한 달 사이에 종잣돈을 거의 반 토막을 낸 것과 비교되기 때문이다. 어쩌면 진정한 승자는 투자를 못한 자신이 아닐까라는 생각에 쓴 웃음이 입가에 맴돌았다.

CHAPTER 3 . . . . . .

Chapter 3

가상화폐 열풍의
최대 승자, 거래소

월드 클래스,
한국 가상화폐 거래소

──────   **세계 순위 상위에 포진한 한국 가상화폐 거래소**

가상화폐를 거래해 본 사람이라면 거래 규모가 압도적인 거래소 몇 곳쯤은 익히 알고 있을 것이다. 실제 국내 가상화폐 거래소들은 거래량이 급증하며 거래 대금으로는 전 세계 최상위권에 속한다.

기존의 빗썸, 코인원, 코빗에 이어 2017년 9월 업비트까지 가세하며 새로운 4강 구도를 굳히기 무섭게, 신규 거래소들도 빠르게 치고 오르고 있다. 거래량이 압도적인 몇 곳을 제외하면 자고 일어나면 순위가 수 계단씩 바뀌어 있을 정도로 가상화폐 거래소 시장은 지각 변동이 심하다.

해외 거래소의 경우 홍콩과 일본, 미국 거래소를 중심으로 경쟁 체제를 구축했다. 해외 거래소도 대부분 국내 가상화폐 투자자들이 거래할 수 있도록 문을 열어놓은 상태다.

국내 가상화폐 거래소는 '국내 최초'를 표방하는 코빗을 포함, 빗썸, 코인원 등 3강 구도로 진행되다 두나무의 업비트가 무섭게 치고 올라오면서 4강 구도로 재편됐다.

한국의 첫 가상화폐 거래소는 코빗이다. 2013년 4월 출범했다. 이때만 해도 비트코인이 국내에서 생소했고, 간간이 주목받으면서 코빗도 차츰 이름을 알렸다. 최근 들어 코빗이 후발주자들보다 주춤하고 있지만, 2017년 넥슨 지주사인 엔엑스씨(NXC)의 품에 안기면서 가상화폐 거래소에 대한 관심을 더욱 증폭시켰다.

코빗이 첫 테이프를 끊은 지 8개월여 뒤인 2014년 1월에 빗썸이 문을 열었다. 코빗이 최초 거래소 타이틀을 달았다면, 빗썸은 국내에서 가상화폐 거래가 급증하며 세계 거래량 1위까지 오르는 '전성기'에 화려하게 부상한 케이스다. 2017년 8월 19일에는 빗

국내 가상화폐 거래소 시장은 오랫동안 3강 구도를 유지하다가 업비트의 등장으로 4강 구도로 재편됐다. 자고 일어나면 순위가 수 계단씩 바뀌어 있을 정도로, 가상화폐 거래소 시장은 지각 변동이 심하다.

썸의 일일 거래액이 2조 6018억 원을 기록해, 전날 코스닥 일일 거래액 2조 4357억 원을 넘어서기도 했다.

2014년 8월에는 코인원이 거래소를 오픈했다. 코인원은 핀테크(fintech : '금융(finance)'과 '기술(technology)'이 결합한 서비스 또는 그런 서비스를 하는 회사를 가리키는 말) 업체인 디바인랩이 설립했고, 2015년 8월 데일리금융그룹에 인수됐다.

——— 업비트 등장으로 3강에서 4강 구도로 재편

3강 체제가 상당 기간 유지된 후, 2017년 가상화폐 열풍과 맞물려 업비트를 필두로 신규 가상화폐 거래소들이 활발하게 가세하면서 시장에 지각 변동이 일고 있다. 2017년 9월 출범한 업비트는 증권앱인 카카오스탁을 운영하는 두나무가 선보인 거래소다. 미국 가상화폐 거래소인 비트렉스(Bittrex)와 손을 잡으면서 국내에서는 가장 많은 코인과 마켓을 지원하고 있다.

이들을 포함해 국내에는 30개의 거래소가 영업하고 있고 후속 주자들의 참여도 꾸준히 진행되고 있다. 업비트에 앞서 2017년 4월 오픈한 코인네스트도 상위권에서 주목받는 거래소로 부상했다.

가상화폐 통계 사이트인 코인힐스의 가상화폐 거래소 거래량 순위에 따르면 2018년 4월 10일 현재 업비트의 거래량이 6위를 기록 중이다. 빗썸은 8위를 기록 중이고 코인원은 27위에, 코빗은 32위, 코인네스트는 59위에 각각 올라와 있다.

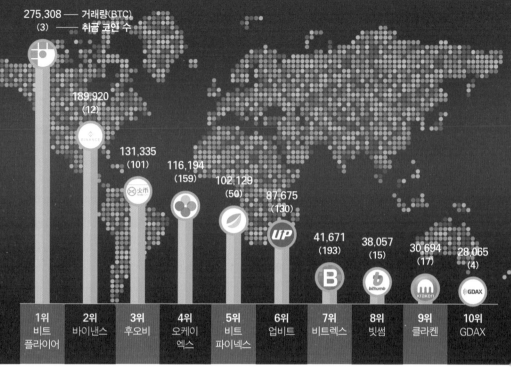

가상화폐 거래소 거래량 순위

275,308 —— 거래량(BTC)
　(3) —— 취급 코인 수

189,920
(12)

131,335
(101)

116,194
(159)

102,129
(50)

87,675
(130)

41,671
(193)

38,057
(15)

30,694
(17)

28,065
(4)

| 1위 비트 플라이어 | 2위 바이낸스 | 3위 후오비 | 4위 오케이 엑스 | 5위 비트 파이넥스 | 6위 업비트 | 7위 비트렉스 | 8위 빗썸 | 9위 클라켄 | 10위 GDAX |

자료 : 코인힐스(2018년 4월 10일)

—— 세계 시장을 놓고 한국·일본·홍콩·미국 4파전

해외 거래소까지 합치면 가상화폐 거래소는 120곳이 넘는다. 코
인힐스에 따르면 현재 122곳이 가상화폐 거래소로 등록돼 있다.
　이 가운데 일본 최대 가상화폐 거래소인 비트플라이어(bitFlyer)
가 1위를 기록 중이다. 비트플라이어 거래량은 일본 가상화폐 거
래량의 80%를 차지하고 있다. 최근 또 다른 일본 가상화폐 거래

코인체크 해킹
2018년 1월 26만여 명이
맡긴 580억 엔(약 5800억
원) 가량의 가상화폐 'NEM'
이 도난당했다. 2014년 일
본 가상화폐 거래소 '마운트
곡스'가 당한 해킹 사고 피
해 규모 470억 엔(약 4600억
원)을 뛰어넘는 역대 최악의
사고였다.

소인 코인체크가 해킹*을 당한 후 거래량이 더 몰리면서 빠르게 치고 올라가는 중이다.

2위인 바이낸스(Binance)는 홍콩에 기반을 둔 가상화폐 거래소다. 3위 후오비(Huobi)는 중국 최대 가상화폐 거래소로, 중국 정부가 자국 내 비트코인 거래 규제안을 내놓은 후 해외 진출에 나섰다. 2018년 초 일본에 진출했다.

4위 오케이엑스(OKEx)는 홍콩에 기반을 둔 거래소다. 중국 가상화폐 거래소인 오케이코인(OKCoin)이 만들었다. 5위 비트파이넥스(Bitfinex)도 홍콩을 기반으로 하는 비트코인 최대 거래소 가운데 하나로 꼽힌다. 2016년 약 800억 원 상당의 비트코인이 해킹되면서 주목을 받기도 했다.

6위 빗썸에 이어 미국 가상화폐 거래소인 비트렉스가 7위를 기록 중이다. 비트렉스는 가장 다양한 코인 시장을 보유한 것으로 평가받고 있다. 업비트와 제휴를 맺고 있는 거래소이기도 하다. 9위와 10위에 이름을 올리고 있는 크라켄(Kraken)과 GDAX도 미국 가상화폐 거래소다.

가상화폐는 황금알 낳는
거위가 될 것인가?

—— 라인페이를 발판으로 가상화폐 시장에 뛰어든 네이버

정부의 규제 움직임에도 주요 인터넷 기업들이 너 나 할 것 없이
가상화폐 거래소 사업에 뛰어들고 있다. 비트코인 등 가상화폐에
대한 투자자의 관심이 워낙 뜨거운 데다, 궁극적으로
자체 서비스하고 있는 사이버머니와 연동해

네이버, 카카오와 같은 인터넷 플랫폼 업체는 물론 게임
사인 넥슨 등도 가상화폐 시장에 속속 진출하고 있다.
이들 IT 기업들은 가상화폐가 기존 사업과 시너지를 내
고, 새로운 성장 동력이 될 것으로 기대하고 있다.

시너지를 낼 수 있을 것이란 판단에서다. 주력인 인터넷 서비스를 넘어 가상화폐 신사업을 통해 새로운 기회를 모색하는 모습이다.

네이버의 100% 자회사인 일본 법인 라인주식회사는 2018년 1월 자본금 50억 엔(약 502억 원)을 들여 금융 자회사 라인 파이낸셜(LINE Financial)을 설립했다. 라인 파이낸셜은 일본에서 모바일 메신저 라인을 기반으로 한 가상화폐 거래소 사업을 하기 위해 만든 계열사다.

거래소를 언제 오픈할 지는 아직 정하지 않았다. 라인주식회사는 일본 금융청에 가상화폐 교환업자 등록을 신청한 상태이며, 현재 심사 결과를 기다리고 있다.

라인주식회사는 가상화폐 거래소 외에도 대출이나 보험 등의 금융 상품도 판매할 계획이다. 라인주식회사는 이미 모바일 송금 결제 서비스 '라인페이'를 2014년 12월부터 서비스하고 있다. 2017년 라인페이의 글로벌 결제액은 4500억 엔(약 4조 5560억 원)을 돌파했고 사용자 수는 4000만 명을 달성했다.

라인페이 성공을 발판으로 가상화폐 거래소 사업으로 영역을 확대하면서 라인을 종합 금융 플랫폼으로 키우겠다는 방침이다. 이는 글로벌 사업을 강화하기 위해 라인에 부쩍 힘을 실어주고 있는 네이버의 움직임과도 연결된다.

네이버는 2018년 2월 6일 조직 개편을 통해 신중호 라인 글로벌총괄책임자(CGO)를 수장으로 한 인공지능 기반 검색 연구조직을 만들었다. 신중호 CGO는 '라인 성공 신화'의 주역으로, 한성숙 대표이사와 함께 네이버를 이끌 핵심 경영진으로 꼽힌다.

라인페이 사용자는 일본에만 3000만 명을 비롯해, 아시아에 총 4000만 명이 있다. 2017년 라인페이의 연간 결제액은 4500억 엔을 돌파했다.

네이버는 이번 조직 개편을 계기로 5년 전 철수했던 일본 검색 시장에 재도전한다는 방침이다. 인공지능을 접목한 새로운 검색 서비스를 라인에 접목, 일본을 시작으로 아시아 전역으로 라인의 영향력을 확대할 것으로 예상된다.

─────── ### 간접투자 방식으로 시너지 효과를 노리는 NHN엔터테인먼트

게임포털 한게임을 운영하는 NHN엔터테인먼트도 투자를 통한 간접 방식으로 가상화폐 거래소 사업에 뛰어들었다. NHN엔터테인먼트는 2018년 1월 100% 자회사인 NHN인베스트먼트 파트너스를 통해 중국에 본사를 둔 가상화폐 거래소 오케이코인에 지분을 투자하고 제휴를 맺었다. NHN엔터테인먼트 관계자는 "재무적 투자 방식이며 구체적인 투자 금액과 지분 등은 공개하지 않는다"고 말했다.

NHN엔터테인먼트는 자회사를 통해 중국에 본사를 둔 가상화폐 거래소 오케이코인에 지분을 투자하고 제휴를 맺었다.

오케이코인은 2013년에 설립한 중국 업체다. 2018년 4월 10일 기준으로 가상화폐 거래소 통계 사이트 코인힐스에 따르면 거래량 세계 4위 거래소다. 오케이코인은 중국 정부가 2017년 10월 가상화폐 거래소에 대해 폐쇄 명령을 내리자 일본 등 주변국으로 옮겨 서비스하고 있다. 현재 홈페이지에는 NHN인베스트먼트 파트너스의 로고를 노출하면서 주요 협력사로 소개하고 있다.

국내에서는 오케이코인코리아라는 법인을 설립하고 2018년 4월 거래소 서비스를 정식으로 오픈했다. 오케이코인은 2018년 1월 19일 사전 예약 홈페이지를 열었는데, 약 17만 명의 이용자가 몰려들어 22시간 만에 사전 예약이 마감되기도 했다.

오케이코인코리아는 최대 60개 이상의 가상화폐에 원화 거래를 지원할 예정이다. 이는 국내 거래소 가운데 가장 많은 규모다. 국내 1위 거래소 업비트에서 원화 거래가 가능한 가상화폐 수는 35개다. 빗썸(15개)과 코인원(9개)은 10개 안팎이다.

NHN엔터테인먼트는 주력인 웹보드게임이 정부의 사행성 게임 규제로 휘청이자, 신사업 발굴에 열을 올리고 있다. 이를 위해 간편 결제(페이코)를 비롯한 디지털광고 사업 등에 역량을 집중하고 있다.

NHN엔터테인먼트는 오케이코인과의 가상화폐 사업이 계열사를 통한 간접투자 방식이라며, 직접적인 관련이 없다고 선을 긋고 있다. 하지만 주력인 게임을 비롯한 쇼핑몰과 음악 콘텐츠 등

주요 인터넷·게임사의 가상화폐 거래소 진출 현황	
네이버	• 일본 법인 라인주식회사를 통해 금융 계열사 라인 파이낸셜 설립, 주력 라인을 가상화폐 거래소를 비롯한 종합 금융 플랫폼으로 육성할 방침. • 프랑스 가상화폐 업체 '렛저'에 400만 유로 투자.
NHN엔터테인먼트	• 중국 오케이코인 지분 투자 제휴, 오케이코인의 한국 사이트 2018년 4월 오픈.
카카오	• 계열사 두나무를 통해 가상화폐 거래소 업비트 2017년 10월 오픈.
넥슨	• 지주사 엔엑스씨(NXC), 2017년 9월 코빗(KORBIT) 인수.
파티게임즈·한빛소프트	• 2018년 4월 오픈 예정인 코인제스트(COIN ZEST)에 공동 투자.

NHN엔터테인먼트의 상당수 서비스가 사이버머니의 속성을 가진 가상화폐와 떼려야 뗄 수 없는 관계인 데다, 신사업으로 핀테크에 공을 들이고 있어 시너지 효과가 클 것으로 예상된다.

───── 오픈 두 달 만에 국내외 시장 1위를 석권한
카카오톡의 업비트

카카오톡 메신저를 서비스하고 있는 대표 인터넷 기업 카카오는 계열사인 두나무를 통해 가상화폐 거래소 사업을 하고 있다. 두나무는 증권앱 카카오스탁으로 유명한 핀테크 기업이다. 2014년에 카카오톡을 기반으로 한 증권정보앱 '증권 플러스'를 선보이는 등 주식투자에 SNS 기반의 소셜 서비스를 더해 화제를 모았다.

2017년 10월에는 세계 1위 가상화폐 거래소 비트렉스와 제휴를 통해 가상화폐 거래소 업비트를 출범했다. 업비트는 현재 국내 1위, 세계 6위(코인힐스 집계, 2018년 4월 10일 기준) 거래소다. 업비트는 서비스 오픈 두 달 만에 국내 1위, 세계 1위를 달성해 시선을 끈 바 있다.

빗썸 고객 정보 유출
2017년 7월 빗썸 직원 PC가 해킹 공격을 당해, 고객 3만여 명의 휴대폰 번호와 이메일 주소 등 개인 정보가 유출됐다.

그동안 국내 가상화폐 거래소 시장 점유율 1위는 빗썸이었지만, '보안' 이슈°로 빗썸이 주춤했던 사이 업비트가 빠르게 덩치를 키웠다.

두나무는 김범수 카카오 의장이 설립한 투자사 케이큐브벤처스가 초기 투자를 했으며, 카카오도 2015년 이

카카오의 계열사 두나무가 만든 업비트는 서비스 오픈 두 달 만에 국내 1위, 세계 1위를 달성했다. 업비트는 카카오톡 계정을 통해 손쉽게 계좌 개설과 로그인을 할 수 있도록 했다.

회사에 33억 원 규모의 투자를 단행, 현재 지분 8.84%를 확보하고 있다. 두나무는 카카오의 주력 플랫폼인 카카오톡 계정을 기반으로 하며, 카카오가 투자까지 했다는 점에서 '카카오 키즈'라 할 수 있다.

유진투자증권에 따르면 업비트에서 이뤄지는 거래 대금은 2018년 1월 1일 이후 약 7조 ~8조 원에 달하며 하루 평균 수수료 매출은 96억 원에 달할 것으로 추정된다. 관련 업계에서는 업비트의 급격한 성

장으로 네이버와 NHN엔터테인먼트 등 인터넷 강자들이 너 나 할 것 없이 거래소 사업에 뛰어든 것으로 보고 있다.

──── 게임사들도 속속 가상화폐 거래소 시장 진출

국내 대표 게임사 넥슨의 지주사 엔엑스씨도 2017년 9월 주요 가상화폐 거래소인 코빗 지분을 인수하며, 가상화폐 사업에 발을 들였다. 엔엑스씨는 코빗 주식 12만 5000주를 주당 73만 원(총 913억 원)에 사들여 지분 65.19%(13만 6288주)를 확보했다.

코빗은 2013년 설립된 국내 최초 가상화폐 거래소다. 국내에서 가장 오래된 거래소 운영 경험을 바탕으로, 안정적인 서버와 최고

'세계에서 가장 안전한 가상화폐 거래소'를 콘셉트로 사전 회원 가입 이벤트를 열고 있는 코인제스트.

수준의 보안 시스템을 제공하고 있다고 강조하고 있다. 이메일로 문의하면 1영업일 기준으로 답변을 제공하고 있어 고객센터에 대한 만족도가 높다.

모바일게임 '아이 러브 커피'로 유명한 파티게임즈는 한빛소프트와 2018년 4월 오픈 예정인 거래소 코인제스트(COIN ZEST)에 공동 투자 형태로 거래소 사업에 참여한다. 이를 위해 파티게임즈는 최대주주인 모다 및 한빛소프트와 2018년 1월 17일 가상화폐 사업을 위해 손을 잡는다는 내용의 양해각서(MOU)를 체결했다.

세 회사는 거래소 운영뿐만 아니라 ICO를 통해 발행한 코인을 각자의 게임 등에서 활용할 수 있도록 공동 사업 및 마케팅 제휴를 진행할 계획이다. 또한 모다의 자회사인 B&M홀딩스 산하 게임 아이템 거래 사이트 아이템베이, 아이템매니아*의 이용자 풀을 활용한 공동 마케팅을 실시하는 방안도 추진하고 있다.

> 아이템베이와 아이템매니아
> 게임 아이템 중개 시장의 95% 이상을 차지하는 독점적인 시장 지배 사업자다. 양사에서 이뤄지는 아이템 거래는 연간 1조 5000억 원 규모로 추정된다.

게임사들이 가상화폐 시장에 진입하려는 이유는 이미 게임 속에서 사용하는 게임 머니 같은 가상화폐 구조가 게임의 중요한 역할을 하고 있기 때문이다. 게임 속에서 사용하는 화폐를 통해 게임 아이템을 구매하고 파는 행위는 게이머들에게 이미 일반화된 행위다. 게임사들은 앞으로 블록체인 기술을 활용해 기존 사업과 시너지를 내고, 게임 외 다른 먹거리로 발전시킬 수 있어 가상화폐 거래소에 매력을 느끼는 것으로 보인다.

국내 양대 포털 사업자이자 한국과 일본의 대표 모바일 메신저를 보유한 네이버와 카카오는 각기 다른 방식으로 가상화폐 사업에 뛰어들고 있다. 네이버가 공격적인 반면 카카오는 아직은 발만 담근 상태다.

네이버는 한국이 아니라 일본 자회사 라인을 통해 현지 사업 기회를 엿보고 있다. 라인이 2018년 1월 31일 라인 파이낸셜을 설립하고 가상화폐 사업을 시작한다고 공표하자, 외신들은 이 소식을 비중 있게 다루며 많은 관심을 보였다.

미국 경제 매체 「쿼츠」는 월 사용자 수가 2억 명이 넘는 라인이 모바일 메신저 사용자 기반이 다져지자 새로운 수익원을 찾아 나선 것이라고 분석했다. 블룸버그통신은 내부 소식통을 인용해 라인이 일본에 이어 홍콩과 룩셈부르크에 진출할 것이라고 관측했다.

네이버와 카카오는 각기 다른 방식으로 가상화폐 사업에 뛰어들고 있다. 네이버가 공격적인 반면 카카오는 아직은 발만 담근 상태다.

실제로 라인은 새로운 수익원으로 장기적 성장 동력을 찾으려는 모습을 보이고 있다. 라인은 최근 인력과 마케팅, 신사업 등에 대한 투자 확대 기조가 지속되면서 실적이 주춤했다. 2017년 4분기 라인의 매출액은 464억 1000만 엔으로 2016년보다 21.7% 증가했으나, 영업이익은 5억 9900만 엔으로 62.6% 감소했다. 네이버와 라인은 2018년에도 공격적 투자를 이어갈 계획이라고 밝혔다.

물론 우려스러운 대목도 있다. 최근 일본의 가상화폐 거래소 코인체크가 580억 엔(약 5800억 원) 규모의 가상화폐를 해킹당해 현지 규제가 강화될 것이란 전망이다. 그러나 라인의 성공 가능성에 높은 점수를 주는 해석이 상대적으로 많다.

영국의 「파이낸셜타임즈」는 라인이 가상화폐 사업 소식을 전한 날 일본 증시가 0.2% 빠졌는데, 라인 주가는 4.4%까지 상승했다고 전했다. 일본에는 16개의 허가받은 가상화폐 거래소가 있다. 라인과 같은 '일본 국민 메신저'의 가상화폐 사업 성공 가능성에 대해 투자자들의 기대감이 반영된 결과로 볼 수 있다.

네이버는 2011년 뒤늦게 모바일 메신저 사업을 본격화할 때 국내 시장은 사실상 포기하고 일본 시장에 집중하면서 큰 성공을 거둔 경험이 있다. 이번 가상화폐 사업에 대한 국내 시장의 기대감도 높다. 삼성증권은 "네이버가 공격적 투자 확대로 수익화 시점이 지연될 것"이라면서도 "AI(인공지능)와 클라우드, 핀테크 등 신성장 사업 투자는 장기적으로 네이버와 라인의 성장성 확보에 긍정적"이라고 평가했다.

경영진의 의지도 강력하다. 이데자와 다케시 라인·라인 파이낸설 대표는 최근 실적 발표 이후 브리핑에서 "우리는 스마트폰에 의한 패러다임 시프트(paradigm shift ; 총체적 전환) 중반기에 라인을 시작했다. 2018년에는 AI와 핀테크가 스마트폰과 유사한 패러다임 시프트를 일으킬 것"이라며 이런 사업에 전략적으로 투자하는 이유를 밝혔다.

이와 달리 카카오는 업비트의 운영사 두나무에 지분을 투자하며 관련 시장에 발을 담그고 있다. 과거 모바일 메신저 사업에 발빠르게 진입한 것과 다소 다른 행보다. 그래도 카카오는 두나무의 2대 주주라는 점에서 앞으로 지분법 이익 발생이 예상된다. 삼성증권은 업비트의 2017년 12월 일 평균 거래액 5조 원과 카카오의 추정 지분율 23.2%를 기준으로, 2017년 4분기만 200억 원가량의 지분법 이익이 카카오 연결 실적에 기여할 것으로 전망했다.

그런데 최근에는 한국 정부가 가상화폐 시장에 대한 규제를 강화하고 나서면서 분위기가 급변하고 있다. 카카오 관계자는 "간편 결제 서비스인 카카오페이에는 블록체인 기술이 들어가 있고 이에 대한 개발을 하고 있으나, 가상화폐 사업과 관련한 특별한 계획은 현재 없다"며 조심스러운 분위기를 보이고 있다.

놀라운 성장세의 슈퍼 루키,
업비트

─────── **카카오톡 파워로 단숨에 1위 석권**

국내 가상화폐 거래소 가운데 업비트만큼 단기간에 급성장한 곳은 없다. 업비트는 카카오스탁이라는 증권앱으로 유명한 두나무가 2017년 10월 말 오픈한 거래소다.

오픈 두 달 만에 일일 최대 거래액 10조 원을 달성하며 단숨에 국내 및 글로벌 1위로 도약했다. 2018년 4월 10일 코인힐스(가상화폐 거래소 통계 사이트)에 따르면 업비트는 거래 규모 기준 글로벌 6위다. 글로벌 순위는 이전보다 떨어지긴 했으나, 국내 순위는 여전히 1위다.

업비트가 빗썸 등 경쟁 거래소와 비교하면 후발주자임에도 급격히 성장할 수 있는 배경에는 카카오의 후광 효과를 빼놓을 수 없다. 업비트는 카카오택시, 카카오뱅크 등 다른 카카오 서비스와 마찬가지로 카카오톡 아이디로 회원 가입을 할 수 있다. 대부분 거래소는 회원 가입이나 본인 인증 절차가 복잡하나 업비트는 카카오톡 계정과 연동돼 있어 상대적으로 편하다. 카카오톡으로 24시간 상담도 가능하다.

업비트에 카카오 핵심 자산인 카카오톡 계정이 이식된 것은 그만큼 카카오와 관계가 밀접하기 때문이다. 현재 카카오는 업비트 운영사 두나무의 주요 주주다. 카카오는 2015년 33억 원 규모의 투자를 단행해 두나무 지분 8.14%를 보유하고 있다.

여기에 김범수 카카오 이사회 의장이 설립한 투자사이자 카카오의 100% 자회사인 케이큐브벤처스가 두나무 초기 투자에 참여했다. 카카오가 33%의 지분을 보유하고 있는 카카오 청년창업펀드도 일부 지분을 갖고 있다. 이러한 간접 보유분(14.67%)을 포함

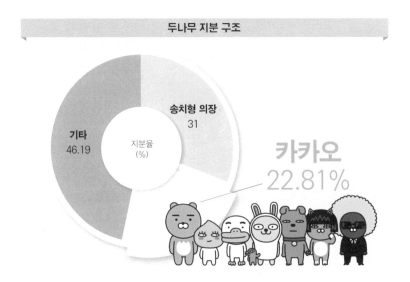

두나무 지분 구조

기타
46.19

지분율
(%)

송치형 의장
31

카카오
22.81%

하면 카카오가 확보한 두나무 지분은 총 22.81%다.

두나무의 최대주주는 창업 멤버인 송치형 이사회 의장(지분율 31%)이다. 이어 카카오가 2대 주주다. 다만 두나무의 간판 서비스인 업비트와 카카오스탁(카카오톡 기반 증권앱), 다음금융(포털 다음의 증권·금융 정보 서비스) 등이 모두 카카오 핵심 자산을 기반으로 한다는 점에서 카카오의 영향력은 단순히 2대 주주 지위에 그치지 않는다는 분석이다.

2017년 말에는 '카카오톡 신화'로

두나무 최대주주는 창업 멤버인 송치형 이사회 의장이다. 송 의장 지분율은 31%다.

오픈	2017년 10월 미국 비트렉스와 제휴해 가상화폐 거래소 출범.
운영 회사	두나무(2012년 4월 설립)
주요 경영진	**이석우 최고경영자(CEO)** 중앙일보 기자 출신, 전 다음카카오 공동 대표, NHN엔터테인먼트 사외이사, 2017년 12월 두나무 신임대표 취임. **송치형 이사회 의장** 다날, 이노무브 그룹 수석위원, 두나무 대표이사.
주요 주주	• 최대주주 : 송치형 의장 지분율 31.0% • 2대 주주 : 카카오 총 지분율 22.81%
특징	• 글로벌 가상화폐 거래소 미국 비트렉스와 독점 제휴로 국내에서 가장 많은 코인 지원. • 이중 월렛 채택, 세계적 명성의 티오리(Theori)로부터 보안 컨설팅.

잘 알려진 이석우 카카오 전 대표가 두나무 신임 사장으로 취임해 화제를 모으기도 했다. 이 전 대표는 카카오를 이끌던 시절 두나무를 발굴해 초기 투자한 인물이다.

——— **두나무, 2018년 예상 매출 2.6조 원**

두나무의 실적은 업비트 흥행에 힘입어 최근 급격히 개선된 것으로 나타났다. 카카오는 2017년 4분기 연결 실적 발표 컨퍼런스콜에서 이 기간 두나무의 지분법 이익(290억 원)이 반영됐다고 밝혔다. 이를 카카오의 두나무 보유 지분(22.81%)으로 역산하면 2017년 4분기 두나무의 순이익은 무려 1270억 원에 달한다.

두나무는 2017년 업비트 흥행 돌풍으로 창업 이래 사상 최대 실적을 기록했을 것으로 관측된다.

두나무는 카카오스탁 등의 서비스를 하고 있으나 그동안 이렇다 할 비즈니스 모델이 없었다. 2016년 연간 순손실 22억 원을 내는 등 부진한 성과를 기록했다. 그러나 2017년에는 업비트 흥행 돌풍에 힘입어 흑자 전환은 물론 창업 이래 사상 최대 실적을 기록했을 것으로 관측된다.

가상화폐 광풍이 사그라지지 않고 지금처럼 유지된다면, 2018년 두나무는 핵폭발급 성장세를 이어갈 것으로 예상된다. 유진투자증권에서 추산한 두나무의 2018년 매출 규모는 무려 2조 6000억 원에 달한다. 업비트의 2018년 1월 이후 일평균 거래 대금이 7조~8조 원이라는 것을 가정하고, 여기에 붙는 수수료 수익을 감안하면 이 같은 놀라운 수치가 나온다.

—————   **줄 잇는 코인 퇴출!**

업비트가 개장 두 달 만에 세계 및 국내 1위 거래소로 등극한 원동력은 압도적으로 많은 코인 종류 때문이다. 업비트는 약 130개 코인을 지원하고 있다.

업비트는 글로벌 가상화폐 거래소인 미국의 비트렉스와 독점 제휴를 체결했다. 비트렉스는 세계적으로 가장 많은 코인을 상장한 거래소다. 약 200여 개의 가상화폐를 다루고 있다.

업비트에서 거래되는 코인 수는 다른 거래소들에 비해 두드러지게 많다. 빗썸을 비롯해 코인원과 코빗 등에 공식 상장한 코인

수는 10개 안팎이다. 일부에서는 업비트가 과도할 정도로 많은 코인을 다룬다는 점에 대해 우려를 제기하기도 한다.

업비트에서는 2018년 들어 코인들의 거래 종료가 이어지고 있다. 2018년 1월 '디직스다오(DGD)'란 코인을 시작으로 최근까지 '미스테리움(MYST)'과 '펀페어(FUN)', '라이즈(RISE)'의 거래가 종료됐

업비트에서는 2018년 들어 코인들의 거래 종료가 이어지고 있다. 거래 종료된 코인이 2018년 들어서만 8종에 이른다.

다. 거래 종료란 마치 주식시장에서 거래 종목이 상장폐지된 것과 같다. 이러다 보니 안전성 등에서 검증이 안된 코인까지 다루는 것 아니냐는 지적을 받고 있다.

잇따른 상장폐지가 이어지면서 이용자 피해도 예상된다. 일부 코인은 거래 종료 시점까지 이용자 처분 시간을 불과 일주일 정도밖에 주지 않았던 것으로 알려졌다.

이중거래수수료 논란

이중거래수수료 논란도 끊이지 않고 있다. 업비트는 원화(KRW) 마켓을 비롯해 비트코인(BTC), 이더리움(ETH), 테더(USDT)* 등

결제 통화에 따라 네 개의 마켓으로
구분해 운영하고 있다. 즉 원화 마켓
에서는 원화로, 비트코인 마켓에서는
비트코인으로 다른 코인들을 사고팔
수 있다.

> **테더(USDT)**
> 정식 명칭은 'USD Tether'로
> 1개의 코인이 1달러의 가치
> 를 지니도록 설계됐다. 코인
> 의 발행 및 회수는 테더라는
> 회사가 맡게 되며, 1USDT에
> 대해 1달러의 미화로 환전해
> 줄 책임이 있다.

　원화 마켓을 제외한 나머지 세 곳에
서는 원화로 입출금을 할 수 없어서 마켓에 따라 비트코인이나 이
더리움, 테더를 산 후에 매매해야 한다. 현재 업비트에서 취급하
는 코인 130개 가운데 원화 마켓에서 거래되는 코인 수는 40개에
불과하다(2018년 4월 10일 기준).

　원화 입출금을 할 수 없는 나머지 90개 코인은 해당 마켓 코인
으로 바꾼 이후에 다시 원화로 교환하는 절차를 거쳐야 한다. 이
러다 보니 각각 두 번의 거래가 이뤄지고 그때마다 수수료가 붙게
되면서 이중거래수수료 얘기가 나오는 것이다.

　예를 들어 비트코인 마켓에서 거래되는 A라는 코인을 1만 원어
치 구매한다고 하자. 우선 원화로 1만 원어치의 비트코인을 사야
한다. 이때 거래 수수료 5원(0.05%)이 발생한다. 교환한 비트코인
으로 A라는 코인을 구매할 때 약 25원(0.25%)의 수수료가 추가로
붙는다.

　A라는 코인을 원화로 현금화하려면 또 교환 과정을 거쳐야 한
다. 'A코인 → 비트코인' 교환 과정에서 0.25% 수수료가 발생한다
는 것이다. 아울러 비트코인을 원화로 현금화할 때 0.05% 수수료
를 또 내야 한다. 이 과정에서 총 60원(0.6%) 가량의 수수료를 떼

는 것이다.

이는 약 0.3%의 수수료를 적용하고 있는 빗썸과 코빗 등 다른 거래소에 비해 수수료가 두 배 많은 셈이다. 1%에 못 미치는 수수료는 이용자 입장에서 큰 부담이 되지 않을 수 있다. 그러나 수수료 매출에 의존하는 거래소에는 엄청난 수익을 안겨준다.

업비트는 국내 1위 거래소임에도 보안은 다른 거래소들과 마찬가지로 마음을 놓을 만한 수준이 아닌 것으로 알려졌다. 변재일 더불어민주당 의원이 과학기술정보통신부와 한국인터넷진흥원으로부터 제출받은 '가상화폐 거래소 보안 취약점 점검 결과' 자료 (2017년 9~12월까지 조사)에 따르면 업비트는 주요 정보통신 기반 시설에서 갖춰야 할 보안 기준인 시스템 보안 관리 체계와 백업 운영 체계, 망 분리 여부 등 51개 항목을 통과하지 못했다.

이번 점검은 업비트를 포함해 빗썸과 코인원, 코빗 등 주요 거래소 10곳을 대상으로 진행했다. 점검 결과 기준을 통과한 업체는 단 한 곳도 나오지 않았다. 대부분의 거래소는 침해 사고 예방 및 대응 인식이 부족하고 서비스 안전성을 확보하기 위한 방화벽 설치 등 정보보호시스템 도입이 미흡한 것으로 확인됐다.

'1위 탈환 절치부심' 빗썸

국내 1세대 가상화폐 거래소

국내 1세대 가상화폐 거래소 빗썸은 후발주자 업비트에 1위 타이틀을 빼앗긴 뒤 왕좌 탈환에 역량을 모으고 있다. 가상화폐 투자 열풍과 거래소 춘추전국시대를 이끈 명성을 되찾고자 외부 전문가를 영입하고 시스템 안정화에 공을 들이는 모양새다.

빗썸은 2014년 1월 엑스코인이라는 이름으로 문을 열어 서비스 석 달 만에 국내 1위 거래소로 올라선 곳이다. 초기부터 비트코인 미수(투자금 일부를 증거금°으로 최대 세 배의 비트코인을 구매하는 일종의 외상 거래)와 월드 트레이드(해외 거래소 매매 대행) 등 차별화한 서비스를 선보이며 명실상부한 국내 1위 거래소의 입지를 다졌다.

> **증거금**
> 주식시장에서 증거금은 투자자가 주식을 매매할 때 결제를 이행하지 않는 경우를 방지하기 위해 증권회사 등에 예탁해야 하는 보증금이다.

오픈 이듬해인 2015년 7월 지금의 빗썸이란 서비스명으로 변경하고 비트코인 선불카드와 자체 상품권몰을 론칭하는 등 사업을 확대했다. 비트코인 외에도 이더리움, 대시 등으로 거래 코인을 늘리면서 거래금액이 급격히 증가했다. 2017년 5월 한 달 거래량 5조 원을 기록한 데 이어 7월에는 하루 거래량(7월 19일)이 무려 1조 원으로 불어나면서 '세계 1위' 기록을 세우기도 했다.

2018년 4월 10일 코인힐스(가상화폐 거래소 통계사이트)에 따르면 빗썸은 세계 가상화폐 거래소 가운데 8위다. 2017년 말 후발주자인 업비트(글로벌 순위 6위, 국내 1위)의 급부상으로 인해 국내 1위 자리를 내주긴 했으나 여전히 세계 상위권에 이름을 올리고 있는 주요 거래소다.

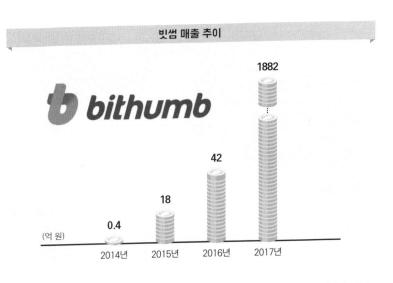

자료 : 비티씨코리아닷컴 기업 소개서

빗썸은 단기간에 급성장한 이력만큼이나 다양한 투자 유치로 인해 복잡한 지배 구조를 띠고 있다. 빗썸을 운영하는 비티씨코리아닷컴은 2014년 1월에 설립됐다. 창업자인 김대식 대표이사는 2017년 11월 사임하면서, 현재 회사에서 완전히 손을 뗀 것으로 알려졌다.

지금의 비티씨코리아닷컴의 최대주주는 지분 76%를 보유한 엑스씨피(XCP)란 곳이다. 2015년 4월 설립된 엑스씨피는 비티씨코리아닷컴의 창업 멤버인 이정아 부사장이 대표이사직을 맡고 있다. 아울러 김재욱 비티씨코리아닷컴의 공동대표와 이상준·박병주 이사가 각각 사내이사로 이름을 올리고 있는 등 대부분 비티씨코리아닷컴 측 인사로 구성되어 있다. 이 회사는 2018년 초 비티씨홀딩컴퍼니로 사명을 바꾸고 지주사 체제로 전환을 추진하고 있다.

엑스씨피에 이어 2대 주주는 지분 10.55%를 보유하고 있는 비덴트란 회사다. 비덴트는 고화질(HD) 디지털 방송용 디스플레이를 개발 및 제조하는 방송장비 업체다. 주력인 방송장비 사업의 부진이 이어지자 2017년 초 사업 목적에 가상화폐를 추가했다. 또 사명을 세븐스타웍스에서 지금의 비덴트로 교체했다. 비티씨코리아닷컴의 지분 투자에 나선 것도 이 시기다.

비덴트는 2017년 2월부터 두 차례에 걸쳐 비티씨코리아닷컴 주식 1250주를 30억 원에 사들였으며, 비티씨코리아닷컴의 최대

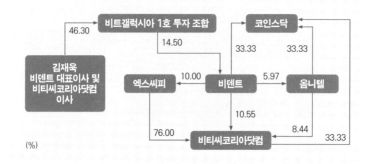

빗썸 운영사 비티씨코리아닷컴 지배 구조

주주인 엑스씨피의 주식 1000주(지분 10%)도 23억 원에 매입했다. 아울러 모바일 상거래 및 콘텐츠 기업이자 가상화폐 사업으로 활로를 모색하고 있는 옴니텔의 지분 111만 주(5.97%)를 50억 원에 사들이는 등 공격적으로 투자 활동에 나섰다.

옴니텔은 지상파DMB 사업자인 한국DMB의 최대주주이기도 하다. 이 회사는 비덴트와 비슷한 시기에 신규 사업 목적으로 가상화폐를 추가했다. 아울러 2017년 3월 24억 원을 들여 비티씨코리아닷컴 지분 8.44%를 확보하며 3대 주주로 이름을 올렸다.

2017년 9월에는 비덴트와 함께 50 대 50 공동 출자로 코인스닥이라는 신생기업을 설립하기도 했다. 코인스닥은 빗썸의 기술과 운영 노하우를 활용해 '제2의 빗썸'으로 키우기 위해 만든 법인으로 알려졌다. 이후 비티씨코리아닷컴도 출자에 나서 현재 비덴트·옴니텔·비티씨코리아닷컴 3개사가 각각 코인스닥 지분 33.33%를 갖고 있다.

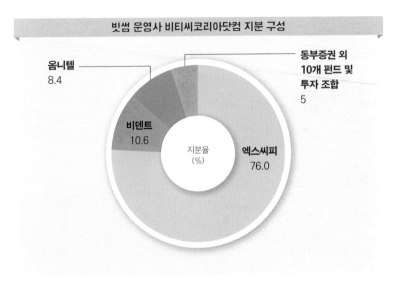

빗썸 운영사 비티씨코리아닷컴 지분 구성

옴니텔
8.4

동부증권 외
10개 펀드 및
투자 조합
5

비덴트
10.6

지분율
(%)

엑스씨피
76.0

김재욱 공동대표의 화려한 면면

비티씨코리아닷컴의 지배 구조를 들여다보면 유독 눈길을 끄는
인물이 등장한다. 창업자인 김대식 대표이사 후임으로 2017년
11월 취임한 김재욱 공동대표가 주인공이다. 김 대표는 배우 이정
재와 정우성, 하정우 등이 소속된 연예기획사 아티스트컴퍼니의
대표이사로 알려졌다.

그는 2017년 초 비덴트와 옴니텔의 사내이사로 나란히 이름을
올린 데 이어, 비티씨코리아닷컴과 그 지주사 엑스씨피에 각각 등
기임원으로 선임되어 이사회 멤버로 참여하고 있다. 2017년 11월
에는 비덴트 대표이사에 취임하기도 했다.

김 대표는 비덴트의 최대주주인 '비트갤럭시아 1호 투자 조합'의 대표이사에도 이름을 걸치고 있다. 그가 2017년 3월 사내이사 직을 맡고 있는 옴니텔의 최대주주(디스플레이 장비 업체 위지트)는 '비트갤럭시아 1호 투자 조합'의 출자자이기도 하다.

김 대표를 중심으로 비덴트, 옴니텔이 삼각편대를 이뤄 빗썸 등 가상화폐 거래소 사업을 이끄는 모습이다. 비티씨코리아닷컴을 비롯해 주요 주주사 경영진에 어김없이 김 대표가 이름을 올리고 있고 지배 구조 최상단에도 그가 등장한다는 점에서 관련 업계에서는 김 대표가 사실상 비티씨코리아닷컴의 '오너'라는 얘기가 나오고 있다.

빗썸 개요	
오픈	2014년 1월
운영 회사	비티씨코리아닷컴(2014년 1월 설립)
주요 경영진	**김재욱 공동대표** 연예기획사 아티스트컴퍼니 대표, 방송장비 업체 비덴트 대표 **전수용 공동대표** 이니시스·모빌리언스·고도소프트 전 대표이사, NHN엔터테인먼트 전 부회장
주요 주주	최대주주 : 엑스씨피(지분율 76%) 2대 주주 : 비덴트(지분율 10.55%) 3대 주주 : 옴니텔(지분율 8.44%)
특징	• 국내 최대 230명 규모 콜센터 운영 • 24시간 고객 맞춤형 응대 • 거래 이상 징후를 미리 포착하는 고객 보안팀 운영

이에 대해 비티씨코리아닷컴 관계자는 "회사가 단기간에 급성장하는 과정에서 여러 곳으로부터 투자를 받았으며 이 과정에서 김재욱 공동대표의 이름이 여러 곳에 걸쳐 있는 것으로 나타나지만, 회사의 경영 전권은 전수용 공동대표가 갖고 있다"고 설명했다.

——— 1위 탈환을 위해 넘어야 할 산, 시스템 안정화

빗썸은 후발주자인 업비트에 국내 거래소 1위 타이틀을 내주면서 2위로 내려앉았으나, 세계 가상화폐 거래량의 6.81%를 차지하는 글로벌 대형 거래소 가운데 하나다.

다만 빗썸은 풀어야 할 과제가 많다. 빗썸은 코인 가격 급등락으로 거래량이 폭주하면서 서버가 다운되는 일이 잦아지고 있다. 이 때문에 서버 점검도 덩달아 빈번해지면서 투자자들로부터 빈축을 사고 있다.

빗썸은 이를 해결하기 위해 외부 전문가를 영입하고 시스템 안정화에 힘쓰는 한편, 고객 만족을 높이기 위해 공을 들이고 있다.

2017년 말에는 전수용 전 NHN엔터테인먼트 부회장을 공동대표이사로 영입했다. 그는 호서대학교 벤처전문대학원에서 벤처경영학 박사 학위

빗썸은 시스템 안정화를 위해 국내 주요 핀테크기업 대표이사를 역임한 전수용을 공동대표이사로 영입했다.

빗썸은 거래량 폭주로 서버가 다운되는 일이 잦아지자, 구상 중이던 블록체인을 활용한 신사업을 접고 시스템 안정화에 총력을 다하고 있다.

를 받았으며 고도소프트와 모빌리언스, 이니시스 등 국내 주요 핀테크기업 대표이사를 역임했다. 2016년 1월부터 2017년 말까지 NHN엔터테인먼트 부회장을 역임하는 등 이 분야 전문가로 알려졌다.

이에 앞서 2017년 8월에는 금융감독원 출신인 이상준 자본시장조사1국 팀장을 데려와 금융전략기획실을 맡겼다. 그는 금융감독원에서 자본시장조사국, 자산운용검사국, 감사실 등에서 근무했다.

빗썸은 고객 편의를 위해 대응 인력을 크게 늘렸다. 2017년 7월 300평 규모의 통합 고객서비스 센터를 새로 구축하면서 관련 인력을 확대했다. 현재 본사에 220명과 콜센터에 230명 등 총 450명의 임직원이 근무하고 있다. 2017년 초 불과 20여 명에 불과했던 본사 직원은 1년 사이에 무려 10배 이상 늘었다.

보안도 강화하고 있다. 2017년 자체 전문 고객보안팀인 리스크매니지먼트(RM)를 개설했다. 이상 거래 징후를 미리 파악해 위험을 사전에 막고 내외부 보안을 더욱 강화한다는 방침이다.

빗썸 운영사 비티씨코리아닷컴의 실적은 2017년 급격히 증가한 것으로 알려졌다. 관련 업계에 따르면 2017년 1~7월까지 비티씨코리아닷컴 매출은 492억 원이며 영업이익은 405억 원에 달한다. 이 기간 영업이익률이 무려 82.3%에 이른다. 아울러 2017년 말 비티씨코리아닷컴의 지분 매각 실사 과정에서 집계된 자료에 따르면 2017년 연간 매출은 1882억 원, 영업이익은 1645억 원에 달한다.

넘버 3 거래소

'공룡 벤처' 품에 안긴
코인원

───────   **업비트와 빗썸에 비해 상대적으로 약한 존재감**

서울 시내에서 유동 인구가 많은 명소를 다니다 보면 눈에 띄는 길거리 광고가 코인원 광고다. 온라인에서도 코인원의 디스플레이(배너) 광고가 자주 노출되고 있다. 코인원이 사행성 조장을 막기 위해 2017년 말부터 자율적으로 노출을 축소하면서 지하철·버스 광고를 내렸다고는 하지만 여전히 많다. 광고가 온오프라인 공간을 도배하다시피 하고 있다.

코인원은 2014년 8월 개장한 거래소다. 가상화폐 투자 광풍을 타고 오픈 3년 만인 2017년 6월 세계 거래소 순위 2위에 오르기도 했다. 국내에서는 빗썸에 이어 2위 거래소로 자리매김했었으나, 2017년 말 급부상한 업비트에 눌려 순위가 한 계단 내려갔다.

2018년 4월 10일 가상화폐 거래소 통계사이트 코인힐스에 따르면 코인원은 거래량 0.35%를 차지하며 세계 27위에 랭크되어 있다. 거래량 6.96%를 차지하고 있는 업비트(글로벌 순위 6위)와 3.02%의 빗썸(8위)에 비해 거래 규모가 확연히 작다.

코인원은 업비트와 빗썸에 비해 존재감이 상대적으로 약하다. 이를 만회하기 위해 코인원은 2017년 말부터 대대적인 마케팅으로 이름 알리기에 나섰다. 마침 이 시기는 오너 회사인 옐로

업비트와 빗썸에 비해 존재감이 상대적으로 약한 코인원은 온오프라인에서 활발히 광고하고 있다.

모바일이 코인원 경영에 본격적으로 뛰어든 때다. 2017년 코인원을 품에 안은 '공룡 벤처' 옐로모바일은 거침없는 인수합병(M&A)을 통해 가상화폐 사업을 무한 확장하고 있어 앞으로 성과에 관심이 쏠리고 있다.

옐로모바일을 새 주인으로 맞은 코인원

코인원은 화이트 해커° 출신 차명훈 대표가 2014년 2월 자본금 300만 원을 들여 설립한 스타트업이다. 설립 당시 사명은 디바인랩이었다. 2016년 2월에 지금의 코인원으로 간판을 바꿔 달았다.

화이트 해커
해킹 기술을 연구하고 기업들의
소프트웨어 프로그램 취약점을
찾아 개선하도록 돕는 사이버 보
안 전문가. 인터넷 시스템과 개
인 컴퓨터 시스템을 파괴하는 해
커를 가리키는 블랙 해커에 대비
해 쓰는 개념이다.

김범수 카카오 이사회 의장이 설립한 투자
사이자 현재 카카오의 100% 자회사 케이
큐브벤처스가 코인원 설립 초기에 2억 원
규모 투자를 하기도 했다.

차 대표는 세계 최대 규모의 해킹대회 데
프콘(Defcon)에서 3위에 입상할 정도의 실
력을 갖춘 보안 전문가다. 차 대표를 비롯해 각종 IT 경진대회 수
상 경력을 가진 포항공과대학교 컴퓨터공학과 출신 엔지니어들이
코인원의 창업 멤버로 참여했다.

코인원은 보안 전문 인력으로 구성된 스타트업인 만큼 업계의
관심을 모았다. 설립 2년 차인 2015년에 데일리금융그룹(옛 옐로
금융그룹) 품에 안겼다. 당시 데일리금융그룹은 주식 스와프(교환)
등을 통해 코인원 지분 100%를 15억 원에 인수했다.

데일리금융그룹은 옐로모바일의 오너 이상혁 대표가 개인 자격

코인원은 화이트 해커 출신 차명훈 대표가
2014년 자본금 300만 원을 들여 설립한
스타트업이다.

으로 투자해 한때 최대주주로 이름을
올렸던 곳이다. 사명처럼 디지털금융
을 표방하고 있다. 2015년에 설립한
데일리금융그룹은 2016년 말 기준 코
인원을 비롯해 인공지능 온라인 자산
관리 서비스 뉴지스탁 등 30여 개 계
열사를 거느리고 있다.

데일리금융그룹이라는 새 주인을
맞이한 코인원은 이보다 더 큰 항공모

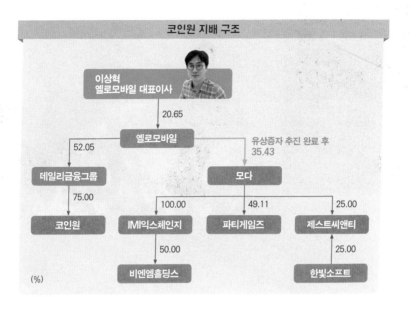

코인원 지배 구조

이상혁
옐로모바일 대표이사

20.65

옐로모바일

52.05

데일리금융그룹

모다
유상증자 추진 완료 후
35.43

75.00

100.00

49.11

25.00

코인원

IMI익스체인지

파티게임즈

제스트씨앤티

50.00

25.00

비엔엠홀딩스

한빛소프트

(%)

함급 벤처 연합에 합류하게 된다. 2017년 9월 옐로모바일은 미국 벤처캐피털 포메이션그룹이 보유한 데일리금융그룹 지분 전량(8만 1166주, 지분 52.05%)을 1125억 원에 사들이고 계열사로 편입했다. 이로써 '옐로모바일 → 데일리금융그룹 → 코인원'으로 이어지는 지배 구조를 갖추게 됐다.

─────

옐로모바일, 뜨는 시장에 집중

옐로모바일은 스타트업에 대한 공격적 투자와 M&A를 통해 몸집을 불리는 독특한 방식으로 성장한 회사다. 대표적 계열사에 피키

여행박사, 피키캐스트, 쿠차 등 120여 개의 스타트업을 보유한 옐로모바일은 벤처 연합이라는 독특한 비즈니스 모델을 추구하고 있다.

캐스트, 여행박사 등이 있다. 2017년 9월 말 기준 계열사 수는 무려 126개에 달한다. 계열사 수만 보면 웬만한 대기업에 맞먹는다.

외형은 거대하지만, 실속은 갖추지 못하고 있다. 2017년 1~3분기 누적 연결 매출은 3564억 원에 달하지만, 영업손실은 24억 원으로 적자를 냈다. 2012년 설립 이후 이듬해 흑자 전환한 것을 제외하면 매년 적자다. 100개 이상 계열사의 실적이 반영되면서 연결 매출은 급격히 불어났으나 내실이 없다는 얘기다.

데일리금융그룹 인수를 계기로 옐로모바일은 가상화폐 분야에 역량을 집중하는 것으로 보인다. 코인원의 가상화폐 거래소 사업이 불붙은 것처럼 빠른 속도로 성장하는 모습을 지켜봤기 때문이다. 이미 사업 행보가 빨라지고 있다.

우선 코인원에 옐로모바일 측 인사들이 대거 합류하게 됐다. 코인원은 2017년 12월 이상혁 옐로모바일 대표와 임진석 옐로모바일 전략담당이사, 신승현 데일리금융그룹 공동대표를 사내이사로 신규 선임했다.

옐로모바일은 2017년 말에 코스닥 상장사 아이지스시스템의 지분 12.43%와 경영권을 116억 원에 사들였다. 이 회사는 2018년 2월 임시 주주총회를 통해 사업 목적에 가상화폐의 핵심 기술인 블록체인을 추가하고, 사명도 데일리블록체인으로 변경했다. 이사회를 이상혁 대표를 비롯해 임진석, 신승현, 차명훈 등 옐로모바일 측 인사로 채우기도 했다.

옐로모바일은 2018년 초 또 다른 상장사 모다가 추진하는 750억 원 규모 유상증자에 참여하기도 했다. 통신장비 업체인 모

코인원 개요	
오픈	2014년 8월
운영 회사	코인원(옛 디바인랩, 2014년 2월 설립)
주요 경영진	**차명훈 대표이사** 포항공과대학교 컴퓨터공학 전공, 세계 해킹방어대회 데프콘 CTF 3위(2009년) 등 국내외 해킹 대회 수상 다수. **이상혁 이사** 카이스트 경영과학과 졸업, 옐로모바일 대표이사.
주요 주주	최대주주 : 데일리금융그룹(지분율 75%) * 데일리금융그룹은 옐로모바일 자회사.
특징	• 상장한 코인 소개 및 명세서 제공. • 로그인 없이 이용 가능한 코인 차트. • 실시간 이용자 채팅 공간. • 생체 인식 로그인 기반 모바일 앱.

다 역시 가상화폐 분야에서 부상하고 있는 플레이어다.

모다는 아이템매니아와 아이템베이란 사이트로 국내 게임 아이템 거래 시장을 장악하고 있는 B&M홀딩스를 거느리고 있다. 모다는 2016년에 '아이 러브 커피'라는 게임으로 유명한 개발사 파티게임즈를 사들인 데 이어, 2018년 초에는 온라인게임사 한빛소프트와 함께 제스트씨앤티 지분 25%씩을 각각 사들였다.

제스트씨앤티는 '코인제스트'라는 가상화폐 거래소 오픈을 앞둔 회사다. 옐로모바일은 모다의 유상증자 참여를 계기로 코인원에 이어 또 다른 가상화폐 거래소 사업에 손을 대고 있다.

─────── **서비스 차별화, 시너지가 관건**

코인원은 옐로모바일을 등에 업고 차별화된 서비스를 바탕으로 사업 확대에 속도를 낼 전망이다. 코인원은 국내 거래소 가운데 처음으로 각 코인의 특징을 정리한 보고서를 발간하고 있다. 코인 매매 현황 등을 분석한 〈위클리뉴스〉도 제공하고 있다. 가상화폐에 대한 투자자 관심이 뜨거워지고 있으나 관련 정보는 턱없이 부족하기 때문이다.

인력도 꾸준히 늘리고 있다. 2017년 1월 10여 명에 불과한 본사 인력은 현재 90명으로 확대됐다. 콜센터 인력은 120명 이상으로 늘렸다. 최근까지 계속 채용 면접을 통해 인력을 확충하고 있다.

2018년 2월 초에는 보안성과 편리성을 강화한 코인원 모바일 앱을 내놓기도 했다. 이 앱은 1기기 1계정 사용 및 이용자의 스마트폰과 유심(USIM) 정보가 통신사에 등록된 정보와 일치하는지를 비교하는 '유심 인증'을 통해 보안성을 강화한 것이 특징이다. 생체 인식 로그인 기능을 도입한 것도 눈길을 끈다.

최근 코인원의 하루 코인 거래량은 3000억~5000억 원가량이다. 한창 가상화폐 투자 열기가 뜨거웠던 시절 하루 거래량이 9000억~1조 원에 달했던 것에 비하면 많이 줄어든 수치다. 코인원은 옐로모바일과 가상화폐 및 블록체인 협력을 통해 선도 거래소로 부상한다는 계획이다.

시너지를 낼 수 있을지가 관건이다. 코인원 관계자는 "현재는 옐로모바일과 협력이 시작 단계라 뚜렷한 방향성은 없으나 서로 도움이 되는 구조를 만들 것"이라고 말했다.

빠른 성장보다 바른 성장, 코빗

국내 최초의 가상화폐 거래소

코빗은 우리나라에서 가상화폐 투자 광풍이 몰아치기 한참 전인 2013년 7월 문을 연 국내 최초의 거래소다. 2017년 9월 국내 최대 게임사 넥슨의 지주사(엔엑스씨) 품에 안겨 화제를 일으켰다.

이 회사는 유엔 우주사무국 출신이라는 독특한 이력의 유영석 대표와 현재 '비트코인 전도사'로 활동하고 있는 김진화 전 대표의 유명세로 일찌감치 주목을 받았다. 하지만 코인 투자자로부터는 큰 관심을 받지 못하고 있다. 4대 거래소 가운데 가장 조용한 사업 행보를 보이고 있어서다.

실제로 코빗은 다른 거래소와 달리 별다른 광고 마케팅을 하지 않는다. 온라인 사이트는 있으나 그 흔한 모바일 앱 서비스가 없다. 이렇다 보니 코인 거래량이 많지 않다. 가상화폐 거래소 통계

코빗은 우리나라에서 맨 처음 문을 연 가상화폐 거래소로, 유엔 우주사무국 출신의 유영석 대표(왼쪽)와 '비트코인 전도사'로 활동하는 김진화 전 대표(오른쪽)의 유명세로 일찌감치 주목을 받았다.

사이트 코인힐스에 따르면 코빗은 거래량 0.2%를 차지하며 세계 32위에 이름을 올리고 있다(2018년 4월 10일 기준).

국내 주요 거래소 업비트와 빗썸이 6.96%와 3.02%의 거래량을 기록하며 10위권 안에 랭크된 것과 비교된다. 코빗은 국내 최초 거래소임에도 국내 순위는 후발주자들에 밀려 4위에 그친다. 2017년 하반기 코인 거래량이 폭발적으로 증가해 주요 거래소들의 거래량이 급격히 불어났을 때에도 코빗은 요동치지 않았다.

다른 거래소들이 물 들어올 때 노를 젓는 것과 달리 코빗은 이상하리만치 잠잠하다. 대신 기본기인 보안과 운영 기술력에 집중하고 있다. 외형을 불리기보다 내실을 다지자는 것인데, 이는 최대주주 엔엑스씨의 경영 방침과 닿아 있다는 분석이다. 2017년 엔엑스씨가 코빗을 인수할 당시 무리한 확장보다 사업 자체에 집중하는 코빗의 경영 방침과 글로벌 시장 대응력을 높이 평가했다고 한다.

코빗은 유영석 대표와 김진화 전 대표가 공동 설립했다. 유엔 우주사무국 출신인 유 대표는 한국인 최초 우주인으로 선발된 고산 씨와 함께 2011년 창업투자보육업체인 타이드인스티튜트를 설립했다. 이곳에서 만난 김진화 씨와 의기투합해 국내 최초 가상화폐 거래소 코빗을 오픈했다.

설립 초반 다양한 벤처캐피털이 투자에 참여했다. SK플래닛을 비롯해 은행권청년창업재단이 초기 투자에 나섰다. 소프트뱅크벤처스의 주도로 미국 판테라 캐피털과 비트코인 오퍼튜니티 펀드, 팀 드레이퍼, BAM벤처스, 피에트로 도바, 스트롱벤처스 등이 참

코빗 개요	
오픈	2013년 7월
운영 회사	코빗(2013년 7월 설립)
주요 경영진	**유영석 대표** 미국 쿠퍼유니언대학교 전기공학과, 런던대학교 금융경제학 석사, 유엔 우주사무국 근무 **박상곤 최고기술책임자** 미국 일리노이대학교 컴퓨터공학 전공, 액센추어 컨설턴트
주요 주주	최대주주 엔엑스씨(지분율 65.19%)
특징	• 국내 최초 가상화폐 거래소, 오랜 운영 노하우 • 예치 자산 대부분을 외부 공격이 불가능한 오프라인 저장소에 보관 • 24시간 감시 시스템 가동 및 철저한 본인 확인 절차

여했다.

이 가운데 일부는 코빗 경영에도 참여하며 현재까지 관계를 이어가고 있다. 초기 투자에 참여한 스트롱벤처스의 배기홍 대표와 이준표 소프트뱅크벤처스 이사가 각각 코빗의 감사와 기타비상무이사로 이름을 올리고 있다.

―――― **넥슨 품에 안긴 코빗,**
1000억 원대 규모 대형 인수합병

코빗은 2017년 9월 넥슨 지주사 엔엑스씨 품에 안겼다. 엔엑스씨는 코빗 주식 12만 5000주를 주당 73만 원(총 913억 원)에 사들여 지분 65.19%(13만 6288주)를 확보해 최대주주로 올라섰다.

전체 지분가치(1400억 원)와 2016년 말 코빗의 부채 규모(80억 원)를 따지면, 인수 당시 엔엑스씨는 코빗 기업가치를 약 1500억 원가량으로 평가한 것으로 인다. 두 회사의 합병은 당시 가상화폐 거래소 업계에서는 드물게 1000억 원대 규모의 대형 M&A 사례라는 점에서 화제를 모았다.

무엇보다 '투자의 귀재'로 불리는 김정주 엔엑스씨 대표이사가 코빗의

김정주 엔엑스씨 대표이사가 코빗의 가능성을 높이 평가했다는 점에서, 엔엑스씨의 코빗 인수는 관심을 모았다.

가능성을 높이 평가했다는 점에서, 코빗 인수는 관심을 모았다. 엔엑스씨의 코빗 인수는 김 대표가 직접 주도한 것으로 알려졌다.

　김 대표는 전공인 게임 말고도 다양한 영역에서 쉼 없는 M&A 를 벌이는 것으로 유명하다. 그가 이끄는 엔엑스씨는 레고 중개사 이트 '브릭링크'나 노르웨이 명품 유아용품 브랜드 '스토케' 등을 인수하며 사업 영역을 확대하고 있다.

　2017년 불어온 가상화폐 열풍으로 엔엑스씨는 코빗 인수 대금 의 80%가량을 투자 4개월 만에 회수했을 것으로 보인다. 업계에 서는 코빗의 2017년 순이익 규모가 700억 원을 웃돌 것으로 예상 하고 있다.

넥슨은 자회사 엔엑스씨를 통해 코빗 지분 65% 를 913억 원에 인수했다. 2017년 가상화폐 열풍 으로 엔엑스씨는 코빗 인수 대금의 80%가량을 투자 4개월 만에 회수했을 것으로 보인다.

경영 간섭 없는 새 주인 엔엑스씨

코빗은 엔엑스씨라는 새로운 주인을 만났으나 이렇다 할 경영진 변화가 없다. 창업자인 유영석 대표이사를 비롯해 대부분의 창업 멤버가 제자리를 지키고 있다.

방준호 부사장은 글로벌 경영컨설팅 업체인 올리버 와이만의 한국사무소 수장을 역임한 투자 분야 전문가이자 블록체인 기술에 관심이 많은 얼리어답터로 알려졌다.

2017년 7월 박상곤 최고기술책임자(CTO)가 사내이사로 새로 취임한 것을 빼면 경영진 구성에 바뀐 게 없다. 박 CTO는 미국 일리노이대학교에서 컴퓨터공학을 전공한 후 컨설팅 기업 액센추어에 다니다 2014년 코빗에 합류한 개발자다.

대부분 주요 거래소가 새로운 주인을 맞이한 이후 최대주주 측 인사로 이사회를 채우는 것과 대조적이다. 이에 대해 엔엑스씨 측은 경영 간섭을 최대한 줄여 기술력 확보와 내실 강화에 역량을 모으자는 입장이다. 엔엑스씨 관계자는 "다른 투자 기업들과 마찬가지로 코빗도 창업 멤버들의 경영 방침을 최대한 존중하고 있다"고 소개했다.

이유 있는 게걸음

코빗은 당분간 기본기를 다지면서 차근차근 성장 경로를 밟아간

콜드 스토리지(cold storage)
가상화폐를 보관하는 전자지갑
은 크게 '핫월렛(hot wallet)'과
'콜드 스토리지'로 구분된다.
핫월렛은 가상화폐를 온라인
서버에 저장하기 때문에 해킹
으로 유출될 위험이 있다. 반면
콜드 스토리지는 USB 등 실물
형태로, 인터넷 연결이 차단된
오프라인상에 가상화폐를 보관
할 수 있는 저장소다. 가상화폐
거래소의 서버가 해킹당하더라
도 해커가 콜드 스토리지에 접
속하는 것은 거의 불가능하다.
그러나 콜드 스토리지는 핫월
렛에 비해 디바이스 구입과 관
리에 많은 비용이 들어간다.

다는 계획이다. 최근 본사 및 고객서비스 센터 인력을 크게 늘린 것으로 알려졌으나 구체적인 수치는 밝히지 않고 있다.

코빗은 예치한 자산 대부분을 외부 공격이 불가능한 오프라인 저장소(콜드 스토리지*)에 보관하고, 24시간 감시 시스템을 가동하는 등 보안에 상당한 공을 들이고 있다. 본인 확인 절차도 다른 거래소에 비해 다소 까다롭다. 1인 1계좌 운영과 신규 주소 출금 시 출금 지연 제도 등 다양한 안전판을 세워놨다.

코빗은 국내 업계 가운데 가장 오래된 거래소 운영 경험이 있다는 점이 최대 강점이다. 수년에 걸친 노하우로 안정적 서버 운영과 높은 수준의 보안 시스템을 제공하고 있으며 이를 한 단계 끌어올린다는 방침이다.

4대 거래소,
투자자들의 냉혹한 평가

—— **가상화폐 투자자들은 어떤 거래소를 이용하고 있을까?**

현재까지는 비트코인 등 가상화폐 자체가 해킹된 적은 없다. 그러나 거래소 해킹은 종종 발생하고 있다. 엄격한 정부의 규제를 받는 증권거래소와 달리 가상화폐 거래소는 대부분 정부의 규제 밖에서 움직이고 있다. 현재 국내에 개설된 가상화폐 거래소는 30곳 정도다. 거래소가 많은 만큼 고르기도 쉽지 않다. 어떤 가상화폐에 투자할지 고민하는 것만큼이나 어떤 거래소에서 거래할지도 중요하다.

비즈니스워치는 오프라인 투자 행사와 인터넷 커뮤니티에서 만난 가상화폐 투자자들과 서면·전화 인터뷰를 통해 거래소별(상위 4곳) 특징을 알아봤다. 실제 투자자들의 목소리를 옮긴 만큼 평가는 신랄했다.

현재 국내에 개설된 가상화폐 거래소는 30곳 정도다.
거래소가 많은 만큼 고르기도 쉽지 않다.

    대다수 투자자는 거래소를 고를 때 1순위로 '거래량'을 꼽았다. 거래량이 많다는 것은 많은 투자자가 이용하는 만큼 안전할 것이라는 믿음 때문이다. 국내 가상화폐 거래량의 90%는 4대 거래소로 꼽히는 업비트와 빗썸, 코인원, 코빗에서 이뤄지고 있다.

    먼저 거래소별 거래량부터 살펴보자. 가상화폐 거래소 통계사이트 코인힐스에 따르면 2018년 4월 10일 기준 국내 거래소 가운데 거래량이 가장 많은 곳은 업비트(8만 7675.30BTC, 글로벌 순위 6위)다. 그 뒤를 빗썸(3만 8057.06BTC, 글로벌 순위 8위)이 바짝 추격하고 있다. 코인원(4366.56BTC, 글로벌 순위 27위)과 코빗(2482.27BTC, 글로벌 순위 32위)이 뒤따르고 있다.

4대 주요 가상화폐 거래소 특징		
업비트 UPbit	하루 거래량(BTC)	87,675.30
	글로벌 순위	6위
	상장 코인 개수	130개
	수수료	KRW마켓 : 0.05%, ETH마켓 : 0.2%
	고객센터 상담 시간	평일 09:00~18:00
	특징	다양한 알트코인 상장
빗썸 bithumb	하루 거래량(BTC)	38,057.06
	글로벌 순위	8위
	상장 코인 개수	15개
	수수료	0.15%(쿠폰 적용 시 최저 0.075%)
	고객센터 상담 시간	365일 24시간
	특징	보안성 낮음
코인원 coinone The Future of Finance	하루 거래량(BTC)	4,366.56
	글로벌 순위	27위
	상장 코인 개수	9개
	수수료	구간별 차등
	고객센터 상담 시간	평일 및 주말 10:00~19:00
	특징	깔끔한 UX와 UI
코빗 KORBIT	하루 거래량(BTC)	2,482.27
	글로벌 순위	32위
	상장 코인 개수	12개
	수수료	구간별 차등
	고객센터 상담 시간	365일 24시간
	특징	모바일 앱 지원 없음, 보안성 높이 평가

2018년 3월 12일 기준

자료 : 각 거래소, 코인힐스

업비트, 많은 상장 코인 개수는 '양날의 검'

업비트의 거래량이 많은 건 거래할 수 있는 가상화폐 종류가 많기 때문이다. 업비트에 상장된 가상화폐는 모두 130개인데, 거래량 기준 세계 2위인 홍콩 거래소 바이낸스(122개)보다 많다. 빗썸(15개)과 코빗(12개), 코인원(9개)을 압도하는 수준이다.

ICO가 금지된 상황에서 이렇게 많은 종류의 가상화폐를 거래할 수 있는 건 업비트가 미국 가상화폐 거래소 비트렉스와 제휴를 맺고 있기 때문이다. 미국에서는 엄청나게 다양한 가상화폐들이 나왔다가 사라지기를 반복하고 있다.

2017년 여름부터 업비트에서 다양한 코인을 거래해 왔다는 한 투자자(30대·남)는 "지금까지 알트코인 투자를 통해 2000만 원 정도를 벌었다"며 "저평가된 코인을 살 수 있다는 게 업비트의 매력"이라고 말했다. 다른 투자자도 "시장 내 옥석 가리기 과정이 끝나면 알트코인에도 볕 들 날이 올 거라 생각해 업비트에서 거래하고 있다"고 말했다.

업비트의 이런 특징은 '양날의 검'이 되기도 한다. 비트렉스에서 특정 코인이 상장폐지되면 업비

2018년 초 '미스테리움'이라는 가상화폐가 업비트와 비트렉스에서 동시에 상장폐지됐다. 비트렉스에서 특정 코인이 상장폐지되면 업비트에도 그대로 적용된다.

트에도 그대로 적용되기 때문이다. 실제로 2018년 초 '미스테리움'이라는 가상화폐가 업비트와 비트렉스에서 동시에 상장폐지되기도 했다.

업비트는 가상화폐 등록을 직접 결정하지 않고, 비트렉스가 등록한 코인 가운데 일부를 한국에서 판매한다. 130여 종의 다양한 알트코인을 거래할 수 있다는 점은 후발주자인 업비트가 빗썸을 제치고 국내 최대 거래소로 올라설 수 있었던 동력이다. 하지만 원화 거래가 아니면 상장이나 상장폐지도 전부 비트렉스가 결정한다. 투자자들은 자신이 투자하는 가상화폐가 언제든 상장폐지될지도 모른다는 불안감을 안고 거래할 수밖에 없다.

일각에서는 거래가 몰리는 경우 처리 속도가 현저하게 느려진다는 점도 업비트의 문제점으로 꼽았다.

코인 개수가 많다. 1원대 코인도 있다. 그렇지만 언제 상장폐지될지 불안하다.
(네이버·skr0****)

빠른 시일 안에 값이 폭등하는 코인을 찾고 있다. 업비트에는 다른 거래소에는 없는 코인들이 많아 한때 재미를 봤었다.
(오프라인 투자자 행사·29세 남)

업비트 계좌로 오후 10시 42분에 1000만 원씩 5번 총 5000만 원을 입금했는데, 두 시간 넘게 확인이 안됐다.
(코인판·에드***)

이 밖에도 투자자들 사이에서는 "돈을 내고 거래한 곳은 업비트인데 비트렉스에서 상장폐지됐다고 업비트에 돈을 낸 내가 피해를 보는 건 부당하다", "비트렉스와 더블체크해야 하는 불편이 있다"는 볼멘소리가 나왔다.

———   ## 빗썸, 보안에 대한 불신 여전

거래량 2위 빗썸은 어떨까? 사실 빗썸은 현재(2018년 4월 10일)는 글로벌 순위가 8위까지 떨어졌지만, 2017년 7월 하루 거래량(7월 19일)이 1조 원까지 불어나면서 '거래량 기준 세계 1위' 기록을 세운 곳이다. 순위가 이렇게 많이 하락한 데는 2017년 6월 3만 6000여 명의 개인 정보 유출 사고가 터진 데 이어, 그해 11월 발생한 서버 중단의 여파가 컸다. 투자자들의 반응도 좋지 않다.

 솔직히 빗썸은 지금 같은 운영 방식 그대로 유지할 거면 망해야 하는 곳이다.
(네이버·simp****)

2017년 서버 다운 사태를 계기로 빗썸에 다시는 접속 안한다.
(오프라인 투자자 모임·정모 씨)

 빗썸 거래소 렉(밀림 현상)이 너무 심해 업비트로 옮겼다.
(카카오톡 투자 정보 공유방·김모 씨)

빗썸 측은 사고 후 보상 조치를 취했고, 보안성도 높였다며 사고 재발 여지가 없다고 설명하고 있다. 그러나 고객들은 불안한 마음이 좀체 가시지 않는 것 같다. 2018년 2월 오프라인 투자자 모임에서 만난 정모(31) 씨는 "사고가 나한테 일어나지 않으리란 법이 있겠느냐"고 말했다.

그럼에도 빗썸에서 꾸준하게 거래가 이뤄지는 건 365일 24시간 전화상담이 가능하다는 점과 할인 정액 쿠폰을 사용하면 수수료를 최저 0.075%까지 낮출 수 있다는 게 긍정적으로 작용하고 있다는 분석이다.

—————

코인원, UX와 UI는 훌륭하지만
상장된 코인 부족

코인원은 UX(사용자 경험)와 UI(사용자 인터페이스)가 훌륭하다는 평이 많다. 국내 거래소뿐 아니라 해외 거래소도 이용한다는 한 투자자(40대·여)는 "코인원은 처리 속도나 차트 등에 공을 많이 들여 깔끔하다는 인상을 받는다"면서 "주식투자해 본 사람은 편하게 쓸 수 있을 것"이라고 말했다. 다른 이용자들의 의견도 비슷하다.

몇 번 눌러보면 직관적으로 이해할 수 있다.

(스팀잇·rein***)

대장
주식시장의 은어 '대장주'와 비슷한 의미로, 가상화폐의 원조인 비트코인을 지칭한다.

존버
가격 변동에도 흔들림 없이 버티는 것을 뜻한다. 주로 높은 가격에 사서 가격이 내린 가상화폐를 손절매하지 못한 이들이 다시 오를 때까지 기다리겠다는 의지가 반영된 표현이다.

잡코인
비트코인을 제외한 알트코인(alternative coin, 대안 코인)을 부르는 말이다. 주식시장에서 값이 상대적으로 낮고 미래가치가 불확실한 '잡주'를 부르는 말에서 따왔다.

하드포크(hard fork)
기존 가상화폐의 오류나 한계를 바로잡기 위해 실행하는 일종의 업그레이드다. 하드포크를 하면 기존 코인 시스템과는 호환되지 않기 때문에 결과적으로 새 코인이 생성된다. 하드포크를 하면 기존 코인을 보유하고 있던 사람들은 '배당' 개념으로 새 코인을 받게 된다.

가즈아
'가자'를 익살스럽게 표현한 말이다. 자신이 보유한 가상화폐의 가격이 오르기를 기원하는 일종의 주문처럼 쓰인다.

중력 코인
시세가 상승했다가 다시 하락하는 코인을 말한다.

코린이
'코인(coin)+어린이'라는 신조어로, 뒤늦게 가상화폐 투자에 뛰어들어 실패한 초보 투자자를 가리킨다.

김치 프리미엄
국내 거래소의 가상화폐 가격이 해외에 비해 높게 형성되는 현상을 가리킨다. 비슷한 의미로 일본에는 '스시 프리미엄'이 있다.

거래 차트는 코인원이 다른 데에 비해서 훨씬 자세하게 볼 수 있다.
압승!
(네이버·jkki***)

반면 상장된 가상화폐 종류가 비트코인과 이더리움, 리플 등을 포함해 9개에 불과하다는 건 단점으로 꼽힌다. 한 거래소 관계자는 "이들 코인들은 단기 투자용으로는 적합하지 않다"고 지적했다. 잘 알려진 가상화폐일수록 가격이 단기간에 오르고 내릴 가능성은 상대적으로 적기 때문이다. 다른 거래소에 비해 코인원 거래량이 떨어지는 이유이기도 하다. 거래량이 한꺼번에 몰리는 경우, 코인원의 자랑인 '보기 좋은 차트'가 버벅대기도 한다는 지적이 있다.

알트코인이 부족하지만, 대장(비트코인) 거래 목적으로 코인원에 머물고 있다.
(네이버·byet****)

거래량이 폭주하면 차트가 시세를 따라가지 못할 때도 있어, 폭락할 때 못 팔아 강제 '존버'한 적 있다.
(네이버·jinin***)

—— **코빗, 보안성은 높지만 앱이 없어 불편**

코빗을 이용하는 사람들은 코빗이 가진 보안성을 높게 평가한다. 코빗은 2017년 인터넷 웹 서비스에 집중하기 위해 모바일 앱 서비스를 중단한다고 공지한 뒤, 지금까지 모바일 앱 서비스를 제공하지 않고 있다. 코빗 유저들은 모바일 웹 브라우저를 통해 거래하면 문제없다고 하지만 일각에서는 불편하다는 반응도 있다.

보안은 한국 거래소 중 최고! 거래소가 털려도 손실은 20%만 난다.
(코인판·블루***)

지정가 거래 땐 수수료가 저렴하다. 그리고 서버가 안정적이다.
(머니넷·호**)

모바일 앱이 없어 매번 웹 페이지를 열어야 하는 건 번거롭다.
(오프라인 투자자·40대)

코빗이 다른 거래소에 비해서 보안 측면에서 호평을 받고 있는 건 외부 공격이 불가능한 오프라인 저장소 '콜드 스토리지'를 운영하고 있는 것과 무관하지 않다. 코빗은 자산의 80% 이상을 오프라인 저장소에 보관한다. 해킹 위험을 봉쇄하는 것이다. 다른 거래소에서 사고 나는 걸 보고 코빗으로 옮겨왔다는 유저들도 적지 않다.

단점으로는 시가(체결가격)로 매매할 경우 다소 비싼 수수료가 매겨진다는 점이다. 코빗은 최근 30일 간 거래 금액을 구간별로 나눠 수수료를 책정한다. 거래액이 1억 원 미만인 경우 시가 매매 수수료(체결가격, Taker Fee)로는 0.2%를 매긴다. 같은 구간에 적용하는 다른 거래소(코인원 0.1%, 빗썸 0.15%)에 비해서는 비싼 편이다. 여기에 공감하는 목소리도 적지 않다.

가끔 생기는 서비스 지연과 거래량이 다른 거래소보다 적은 건 단점
이다.
(네이버 · hrwr****)

코빗은 지정가(주문가격, Maker Fee*) 거래를 해야 이득이다.
(해외 블로거 · Ju****)

　사실 거래소별 수수료 정책은 금액마다 적용하는 비율도 제각각이고 특정 거래소에서는 추가 할인 혜택을 제공하는 곳도 있어 일괄적으로 비교하기는 어렵다. 업계 관계자는 "본인 거래액을 파악한 뒤에 거래소별 수수료 정책을 꼼꼼하게 찾아보는 수고가 필요하다"고 전했다.

지정가(주문가격, Maker Fee)
거래소 수수료는 크게 두 가지로 구분된다. 시가 매매 수수료(체결 가격, Taker Fee)는 시장가 주문 방식에서 발생하는 수수료로, 현 시세로 주문 즉시 바로 계약이 체결되는 거래에 적용된다. 지정가 매매 수수료(주문가격, Maker Fee)는 거래자가 원하는 가격에 매수 또는 매도 주문을 걸어 놓은 뒤 해당 가격에 거래가 체결되는 주문에 적용하는 수수료다.

고사 위기에 빠진
중소 거래소

——— 폭주하는 가상화폐 투자 열풍을 정지시킨

가상화폐 거래 실명제

국내에는 업비트, 빗썸, 코인원, 코빗 이른바 '4대 거래소'를 제
외하고도 20여 곳의 거래소가 있다. 대부분 가상화폐 투자 광풍
이 몰아친 2017년 하반기에 집중적으로 문을 열었으며 일부는
2018년 상반기 오픈을 앞두고 있다.

2018년 4월 10일 가상화폐 거래소 통계사이트 코인힐스에 따
르면 4대 거래소를 제외하고 세계 상위 50위권 내에 이름을 올린
국내 거래소는 고팍스(40위, 거래량 0.09%) 한 곳뿐이다.

국내 거래소 30곳 가운데 0.1% 이상의 의미 있는 거래량이 발
생하는 거래소는 다섯 곳에 불과하다. 다섯 곳을 빼면 대부분 거
래량이 0.05%에 못 미치는 미미한 수준이다.

거래소의 주요 수익원은 코인 거래에 붙는 수수료다. 거래량이 없다는 것은 그만큼 벌이가 없다는 의미다. 4대 거래소와 몇몇 거래소를 제외하면 상당수가 수수료 수익이 없어 고사 상태다.

국내 가상화폐 투자 열기가 다소 꺾인 것을 고려해도 우후죽순 생겼던 거래소들이 '개점 휴업' 상태라는 점은 이해하기 어렵다. 이는 정부가 2018년 초 시행한 '가상화폐 거래 실명제'가 결정적인 영향을 미쳤다는 분석이다.

정부는 가상화폐 투기 근절 차원에서 2018년 1월 30일부터 실명이 확인된 투자자의 계좌와 가상화폐 거래소의 동일 은행 계좌 사이의 입출금만 허용했다. 즉, 가상화폐 투자자의 거래 계좌와 이용 중인 거래소의 계좌가 동일한 은행일 때만 입출금 서비스를

정부는 '가상화폐 거래 실명제' 카드로 2017년 하반기부터 몰아친 가상화폐 투자 광풍을 잠재웠다.

거래 실명제 실명(본인)이 확인된 거래자의 계좌와 거래소의 동일 은행 계좌간 입출금만 허용(가상 계좌 활용 금지)

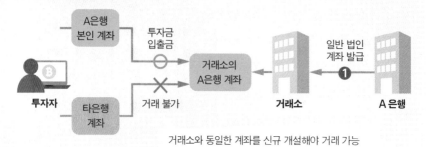

거래소와 동일한 계좌를 신규 개설해야 거래 가능

기존 거래소에서 제공한 가상 계좌를 통해 투자금 입출금 가능

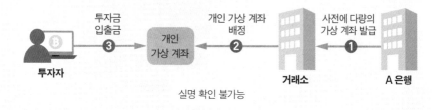

실명 확인 불가능

자료 : 금융위원회

이용할 수 있다.

4대 거래소에 속하는 빗썸은 NH농협은행과 신한은행을 본인 명의 입금 계좌로 등록해야 하고, 업비트는 IBK기업은행, 코인원은 NH농협은행, 코빗은 신한은행 계좌 등록이 필요하다.

해당 은행 계좌가 없으면 은행을 직접 방문해 신분증과 재직증명서, 급여·공과금 이체 내역, 신용 카드 결제 등 금융 거래 목적을 확인할 수 있는 증빙 자료를 제출해야 한다. 비대면 계좌 개설도 가능하지만 하루 출금 한도가 창구는 100만 원, ATM과 전자

금융 이체는 30만 원으로 제한된다. 한 번 등록된 계좌는 변경할 수 없으며 해당 계좌만 이용할 수 있다. 개인 외에 일반 및 법인 사업자의 경우 실명 확인 입출금 서비스를 이용할 수 없다.

거래소는 기존 가상 계좌를 일괄 회수한 다음 신규 실명 확인 입출금 번호를 재발급하게 된다. 가상 계좌를 보유하고 있는 기존 회원들에게 우선하여 가상 계좌를 제공할 예정이라 일부 거래소의 경우 신규 고객의 가상 계좌 개설은 지연될 수밖에 없다. 현재 기존 가상 계좌 보유자의 경우 해당 거래소의 실명 확인 입출금 서비스를 제공하는 은행 보유 계좌가 있어야 '실명 확인 입출금 번호 발급 등록'을 할 수 있다.

───── **4대 거래소만 차례로 가상 계좌 발급**

금융 당국은 가상화폐 거래소에 가상 계좌를 제공했거나 제공 중인 KB국민은행, KEB하나은행, 광주은행, NH농협은행, 신한은행, IBK기업은행 등 6개 은행이 실명 확인 입출금 계좌 서비스를 2018년 1월 30일부터 시작한다고 밝혔다. 그러나 현재 실명 확인 입출금 계좌를 발급해 주는 곳은 NH농협은행, IBK기업은행, 신한은행 단 세 곳뿐이다. 이마저도 반쪽짜리다.

빗썸은 NH농협은행과 신한은행으로부터 실명 확인 가상 계좌를 받고 입출금 서비스 등록을 하고 있다. 하지만 신한은행은 빗썸의 신규 가상 계좌 발급을 무기한 연기했다. 업비트의 경우 신청자가 몰리면서 계좌 인증 처리가 지연되고 있다.

현재 은행으로부터 실명 가상 계좌를 발급받은 거래소는 업비트, 빗썸, 코인원, 코빗 4대 거래소뿐이다. 나머지 중소 거래소들은 은행들이 가상 계좌 발급을 차일피일 미루면서 원화(KRW) 입금이 제대로 이뤄지지 않고 있다.

가상화폐 거래소에서 투자하려면 가상 계좌에 원화를 비롯해 비트코인(BTC), 이더리움(ETH) 등의 코인이 있어야 한다. 비트코인이나 이더리움 등 코인은 전자지갑에서 거래할 수 있어 문제가 없다. 하지만 원화는 은행 계좌를 통해서만 가상 계좌에 돈을 넣어둘 수 있다. 이 때문에 가상화폐 투자를 처음 하는 사람은 4대 거래소를 제외한 나머지 거래소에서 원화 입금을 할 수 없다.

은행들의 가상화폐 실명 확인 계좌 발급 상황				
구분	실명 거래 시스템 구축	은행과 협약 맺은 거래소	계좌 발급 여부	비고
NH농협은행	○	빗썸, 코인원	○	가상 계좌 수 제한
신한은행	○	빗썸, 코빗	○	코빗 기존 가입자들에게만 발급
IBK 기업은행	○	업비트	○	기존 가입자들에게만 발급
KB 국민은행	○			
KEB 하나은행	○			
광주은행	○			

중소 거래소는 정부의 가상화폐 거래 실명제 시행 여파로 신규 가상 계좌 발급이 사실상 중단된 상태다.

최흥식 전 금융감독원장이 가상화폐 거래를 지원하겠다며 시중 은행에 가상 계좌 발급을 독려했지만, 은행들은 금융 당국의 눈치를 보며 가상 계좌 제공에 신중한 입장을 보이고 있다.

은행권 외면에 메이저 빼곤 고사 위기

이 같은 상황이 지속되면서 중소 거래소에는 신규 고객 유입이 없어 대부분 운영이 어려운 상태에 빠지고 있다. 가상화폐 거래소 업체들로 꾸려진 한국블록체인협회를 통해 목소리를 내보려 했으나 내부 분열로 이마저 어렵다는 전언이다.

한 중소 거래소 업체 관계자는 "협회를 통해 입장을 모으려 했으나 협회가 메이저 거래소의 목소리만 반영하고 있어 별다른 도움이 안 되고 있다"며 "이에 따라 중소 거래소들의 집단 탈퇴 움직임도 있었으나 현재는 소강 상태이며 아직 뚜렷한 해결책을 찾지 못하고 있다"고 말했다.

일부 거래소에서는 법인계좌로 입금을 받는 편법을 쓰고 있으나, 정상적인 방법이 아니라는 점에서 논란을 일으키고 있다. 법인계좌는 일반인이 사업자등록증을 만든 후 일반 법인계좌를 만들고 이 아래에 가상 계좌를 수십 개에서 수백 개씩 만들어 가상화폐 거래에 사용하는 것을 말한다. '벌집계좌'라고 부르기도 한다. 한국블록체인협회에 따르면 2018년 1월 23일 기준으로 협회 거래소 회원사 가운데 가상 계좌가 아닌 법인계좌를 사용하고 있는 거래소의 회원 가입자는 65만 명에 달한다.

관련 업계에서는 거래 실명제 이후 중소 거래소는 영업이 어려워지고 신규 오픈을 앞둔 거래소는 시장 진입 자체가 어려울 것이라는 전망이 나오고 있다.

실제로 2018년 2월 코인피아라는 중소 거래소가 거래 중단을 선언하기도 했다. 당시 코인피아는 "본인 확인 실명제 연동을 은행 등에 요청했으나 기존 시스템 안정화 등을 이유로 은행과 연동이 여의치 않은 상황"이라며 "일반 법인계좌를 통한 원화 예치금 입금 및 반영도 검토했으나, 안정적인 서비스가 담보되지 않는다고 판단해 2월 6일 0시를 기해 거래를 중단한다"고 밝혔다.

오픈을 앞둔 신규 거래소들도 별다른 대안이 없어 발만 구르고 있다. 현재 코인제스트 등이 2018년 상반기를 목표로 거래소 개장을 준비하고 있는 상태다.

한 거래소 관계자는 "정부가 요구하는 거래소 요건을 갖추기 위해 만반의 준비를 하고 있으나 본인 확인 실명제 등의 문제가 해결되지 않아 상황을 예의주시하고 있다"고 말했다.

은행권들이 4대 거래소 이외에는 가상 계좌 개설을 일방적으로 중단하거나 거부하면서, 중소 가상화폐 거래소는 신규 유입이 없어져 고사 위기에 놓였다.

Chapter 4

코인판을 출렁이게 하는
'뜨거운 세금'

세금 매기려면
거래소부터 잡아라!

───── **과세 자료 확보의 교두보, 가상화폐 거래 실명제**

2018년 1월 30일부터 '가상화폐 거래 실명제'가 시행되면서 가상화폐 과세에도 한 발짝 더 다가서게 됐다. 물론 실명제만으로는 가상화폐 과세가 어렵고 법과 제도적인 준비가 더 필요하다. 가상화폐 과세까지 풀어야 할 숙제는 무엇이 있을까?

가상화폐 과세가 어려운 이유 중 하나는 가상화폐가 국경을 넘나들기 때문이다. 한 국가 내에서 이동하는 가상화폐들은 과세 당국이 비교적 추적하기 쉽지만, 나라와 나라를 넘나드는 가상화폐를 추적하는 건 현재로서는 불가능하다.

예를 들어 A씨가 미국 거래소에서 60만 원에 사들인 비트코인을 한국 거래소에 지갑을 가지고 있는 B씨에게 전송했다. 과세 당국은 이에 대해 증여세를 매길 수 있을까? 만약 B씨가 가상화폐

한 국가 내에서 이동하는 가상화폐들은 과세 당국이 비교적 추적하기 쉽지만, 나라와 나라를 넘나드는 가상화폐를 추적하는 건 현재로서는 불가능하다.

를 2000만 원에 팔았다면 과세 당국은 양도소득세를 매길 수 있을까?

과세 당국이 세금을 매기려면 먼저 B씨의 코인 매입 가격과 매도 가격, 가상화폐 지갑의 주인 등 과세 정보를 알아야 한다. 현재 국내 거래소에서 거래된 정보는 과세 당국이 어느 정도 확인할 수 있지만, 해외 거래소에서 넘어온 코인 정보를 파악하는 건 쉽지 않다. 게다가 개인 간 거래를 통제하는 것은 더더욱 불가능하다. 그래서 가상화폐에 과세하려면 국제 공조가 필요하다.

국회 입법조사처 관계자는 "거래소를 거치지 않은 개인 간 거래는 누구도 통제하기 어렵지만, 가상화폐 현금화는 거래소에서

만 가능하다. 따라서 거래소를 통하면 과세 자료를 상당 부분 확보할 수 있을 것"이라며 "이 때문에 (각국 거래소의 과세 자료를 받기 위한) 국제 공조의 필요성이 대두하는 것"이라고 말했다.

───────   거래소를 제도권 품에

가상화폐 거래에 대한 국제 공조를 단기간 내에 이뤄내기는 어렵다. 그래서 우선적으로 국내 거래소에서 거래되는 가상화폐부터 과세하자는 얘기가 나오고 있다.

전문가들은 익명성을 전제로 하는 가상화폐의 특성상 거래소를 매개로 해야 과세 자료를 확보할 수 있다고 말한다. 김진화 코빗 공동 설립자는 거래소는 기존 경제 시스템과 가상화폐 시스템 간 매개체라고 설명하면서 "가상화폐에 세금을 매기려면 본인 확인 자료가 필요한데 이는 거래소를 통해 확보할 수 있다. 거래소를 제도권 안으로 끌어들여야 한다"고 강조했다.

2018년 1월 26일 한국조세정책학회 주최로 열린 '가상화폐 과세 문제' 토론회에서 발표를 맡은 장재형 법무법인 율촌 세제팀 장은 "가상화폐는 익명성을 전제로 하기 때문에 과세하려면 실명 자료를 과세 당국에 제공할 수 있는 가상화폐 거래소가 필요하다"는 견해를 내놨다.

거래소들이 보유한 거래자들의 계좌 정보가 실명이어야 과세 자료가 될 수 있는데, 가상화폐 거래 실명제가 정착되면 이런 효

가상화폐는 익명성을 전제로 하기 때문에 과세하려면 실명 자료를 과세 당국에 제공할 수 있는 가상화폐 거래소가 필요하다.

과를 기대할 수 있게 될 것이다.

하태형 전 현대경제연구원장은 "실명으로 거래가 이뤄져야 과세 당국이 개인별로 가상화폐 취득액과 매매차익 등을 파악할 수 있다"며 "정부가 계좌를 들여다볼 수 있게 되면 계좌의 자금 세탁과 테러 자금 보유 여부도 알 수 있게 된다"고 말했다.

다만 현재는 가상화폐 거래소가 과세 당국에 과세 자료를 제출하도록 강제할 법률이 없다. 2017년 가상화폐 거래소 인가제 도입을 골자로 한 「가상화폐 전자금융거래법」 개정안을 제출한 박용진 더불어민주당 의원실 관계자는 "가상화폐 거래소가 과세 자료를 의무적으로 제출하도록 법으로 정해야 한다"며 "「과세 자료 제출 및 관리에 관한 법률」에는 과세 자료를 제출해야 하는 기관을 명시하고 있는데, 현재 가상화폐 거래소는 통신판매업자로 돼 있어 여기에 해당되지 않는다"고 설명했다.

안연환 세무사(전 세무사고시회장)도 "가상화폐에 과세하려면 가장 먼저 거래소가 과세 자료를 실명으로 제출하는 것을 의무화하는 법을 마련해야 한다"고 강조했다.

───

과세의 출발점은
'가상화폐를 무엇으로 볼 것인가?'

가상화폐에 세금을 매기려면 「세법」을 비롯한 과세 관련 법 전반을 손봐야 한다. 우선 가상화폐를 '재화'로 볼 것인지 '통화'로 볼 것인지 등에 따라 과세 가능한 세목도 달라지므로 가상화폐를 법적으로 정의해야 한다. 가상화폐의 법적 개념은 「세법」이 정의할 수도 있겠지만, 「전자금융거래법」 등 가상화폐 근거법에서 규정하는 게 자연스러울 것이다.

가상화폐 과세 문제는 가상화폐가 무엇인지 정의하는 것에서부터 출발한다.

가상화폐 과세까지 남은 절차

가상화폐 계좌 실명제 → 가상화폐 거래소 제도화 → 거래소 과세 자료 제출 의무화

전규안 숭실대학교 회계학과 교수는 "가상화폐 과세 문제의 출발점은 가상화폐를 무엇으로 봐야 하는지 정하는 것"이라며 "예를 들어 부가가치세의 경우 가상화폐를 금융 상품, 유가증권, 상품 등 '재화'로 본다면 과세할 수 있지만, '통화'로 본다면 과세할 수 없다. 현금을 주고받았다고 해서 부가세를 과세할 수 없는 것과 같다"고 설명했다.

또한 과세를 위해서는 가상화폐의 자산 평가 방법이 마련돼야 한다. 김병일 강남대학교 교수는 "상속·증여세의 경우 가상화폐는 경제적 가치를 가진 재산이므로 현행 「세법」으로도 상속·증여세를 과세할 수 있다"면서도 "구체적 자산 평가 방법에 대해서는 관련 규정을 보완해야 한다. 국세청이 「세법」에 따라 과세하려면 먼저 가상화폐의 가치를 공정하게 평가하는 기준이 필요한데, 아직 세부 규정이 마련돼 있지 않다"고 지적했다.

세금 무풍지대

——— 소득이 있는 곳에 세금이 있다?

서울 여의도의 한 은행에서 근무하는 문 씨는 2017년 초부터 비트코인을 사고팔면서 이익을 냈다. 원금을 회수하고도 3000만 원의 차익을 남겼고, 현재도 비트코인을 보유하고 있다. 문 씨는 지금까지 세금을 한 푼도 내지 않았고, 세무서에서 과세 통지서를 받은 적도 없다.

2018년 1월 30일 가상화폐 거래 실명제가 시행되면서 과세 여부가 최대 관심사로 떠오르고 있다. 1월 31일 오후 주요 포털 사이트에는 '가상화폐 정부 발표'가 실시간 검색어 1위에 오르기도 했지만, 같은 날 기획재정부는 "가상화폐 관련 발표 계획이 없다"고 밝혔다.

국회도 가상화폐 과세 문제에 입을 열지 않고 있다. 국회 기획재정위원회 조세소위원회 소속 모 의원은 "정부가 가상화폐에 전반적인 가이드라인을 내야 과세도 가능한데 아직 상황 정리가 덜 돼 기다리고 있다"고 분위기를 전했다. 정부와 국회가 가상화폐의 과세 문제에 대해 뚜렷한 입장을 내지 않으면서 투자자들 사이에서도 혼란이 가중되고 있다.

가상화폐를 사고팔아 거액의 차익을 냈다면 국세청에 세금을 신고해야 할까? 만약 자녀에게 가상화폐를 물려준다면 증여세 문제는 어떻게 되는 걸까?

납세자의 세금 신고를 대리하는 세무사와 공인회계사에게 가상화폐 투자자들이 궁금해 하는 세금 문제를 물어봤다.

매매차익은 세금 신고를 안 해도 된다!

가상화폐 과세 문제 가운데 가장 관심이 집중되는 세목은 양도소득세다. 양도세는 열거주의*를 따르기 때문에 「세법」상 양도소득세 과세 대상으로 규정된 자산에만 과세된다.
「세법」은 토지, 부동산, 주식과 대통령령으로 정하는 파생상품, 영업권, 이용권, 회원권 등을 양도세 과세 대상으로 규정하고 있다.

열거주의
소득세의 과세 대상은 법에서 열거하여 정하고 있으며, 여기서 정하지 않은 소득은 과세 대상이 아니다.

따라서 여기에 포함되지 않은 가상화폐는 현행 「세법」상 양도차익에 대한 세금을 매기기 어렵다는 의견이 지배적이다. 서울 강남구의 A세무사는 "현재로서는 가상화폐 매매차익에 대해 세금을 신고할 필요가 없다"며 "「세법」상 기타소득도 아니고 양도소득으로 열거되어 있지도 않기 때문에 과세 관청에서도 과세에 나서기 힘든 상황"이라고 말했다.

종로구의 B세무사도 "「세법」상 과세 근거가 없기 때문에 신고하지 않아도 된다"며 "일단 과세 당국의 가이드라인이 나온 후 세금 신고 여부를 결정해도 될 것"이라고 전했다. 고양시의 C세무사는 "나중에 관련 「세법」이 마련되더라도 소급 적용을 하지 않기 때문에 현재의 투자차익은 신고 의무가 없다"고 말했다.

 가상화폐 절세톡 1

가상화폐로 차익을 내면 세금 신고를 해야 하나?

 강남구 A세무사

현재로서는 차익에 대해 세금을 신고할 필요가 없다. 「세법」상 기타소득도 아니고 양도소득으로 열거되어 있지도 않다. 「세법」이 미비하기 때문에 과세 관청에서도 과세에 나서기 힘든 상황이다.

 종로구 B세무사

과세의 근거가 없기 때문에 신고를 안 해도 된다. 일단 과세 당국의 가이드라인이 나온 후 세금 신고 여부를 결정하면 된다.

 고양시 C세무사

과세할 수 있는 근거 법률이 없기 때문에 신고하지 않아도 된다. 나중에 법이 마련되더라도 소급 적용해 과세되지는 않는다.

가상화폐를 자녀나 타인에게 물려줄 경우 현행 「세법」 체계에서도 증여세는 과세할 수 있다고 한다. 증여세는 「세법」상 나열된 것만 과세하지 않고 폭넓은 해석을 통해 과세하는 '포괄주의'를 채택하고 있어서, 가상화폐 역시 과세 대상이 된다.

다만 가상화폐에 대한 증여세 부과는 자산 가치 평가 기준이 없다는 문제가 있다. 전문가들은 현재로서는 양심에 따라 신고할 수밖에 없다고 한다.

구로구의 D세무사는 "매수 또는 매도 전날 종가가 시세가 될 것"이라는 의견을 냈다. 강남구의 E회계사는 "매매 전후로 3개월

가상화폐를 자녀나 타인에게 물려줄 경우 현행 「세법」 체계에서도 증여세는 과세할 수 있다. 그러나 증여세를 부과하려면 가상화폐의 가치를 평가할 수 있어야 하는데, 현재는 자산 가치 평가 기준이 모호한 상태다.

상속세?

안에 가장 쌀 때 신고하라"는 의견을 제시했다. 강남구의 E세무사는 "「세법」상 원칙대로 증여 시점에 가장 가까운 매매 사례 가액이 과세 기준이 되지 않겠느냐"고 말했다.

일단 신고부터 하지 말고 기다려보라는 조언도 나온다. 만일 신고했다가 잘못되면 추후에 수정 신고를 통해 세금을 더 낼 여지도 있다는 것이다.

C세무사는 "아직 가상화폐에 대한 평가 방법이 없기 때문에 세금 신고 방법이 모호하다"며 "물려받은 비트코인에 대해 증여세 신고를 하지 않았다고 해서 문제가 되지는 않을 것"이라고 밝혔다.

 가상화폐 절세톡 2

자식에게 비트코인을 물려줬다면 상속·증여세를 내야 하나?

고양시 C세무사

아직 가상화폐에 대한 자산 가치 평가 방법이 없어서 세금 신고하기가 어렵다. 물려받은 비트코인에 대해 상속·증여세를 신고하지 않는다 하더라도 문제가 생기지 않을 것이다.

구로구 D세무사

상속·증여세는 금전적 이익이 이전됐다는 사실만으로도 과세할 수는 있다. 하지만 현재 입법이 미비한 측면이 있기 때문에 신고하지 않아도 된다고 본다.

강남구 E세무사

아직까지는 신고 안 해도 상관없다. 굳이 양심에 따라 신고한다고 해도 과세 대상이 되는 자산의 평가 방법이 모호하다.

2018년 3월 19~20일 아르헨티나 부에노스아이레스에서 'G20(주요 20개국) 재무장관·중앙은행 총재 회의'가 열렸다. 이번 G20 회의에서 가장 주목을 받은 이슈는 단연 '가상화폐 규제'였다. 그러나 G20 재무장관 회의에서는 구체적인 규제안을 내놓기에는 더 많은 정보가 필요하다며, 가상화폐 관련 글로벌 공동 규제안 마련 시기를 7월로 연기했다. 이에 따라 과세를 포함한 국내 가상화폐 규제도 7월에 맞춰질 것으로 전망된다.

2018년 3월 25일, 기획재정부 관계자는 "구체적인 시기는 정해지지 않았지만 상반기 중 가상화폐 과세안 발표를 생각하고 있다"고 밝혔다. 정부는 국무조정실을 중심으로 각 부처 차관급 인사들로 구성된 태스크포스(TF)를 통해 가상화폐 과세 방안을 검토하고 있다. 유력한 안은 가상화폐 매매로 발생한 수익에 세금을 부과하는 양도소득세다. 만약 가상화폐 거래로 얻은 이익을 일시적이고 불규칙한 것으로 간주할 경우 기타소득세가 부과될 수 있다.

가상화폐 거래로 발생한 소득에 대해 과세를 하기 위해서는 이를 과세 대상에 추가하는 「소득세법」 개정이 필요하다. 2018년 8월경 기획재정부의 「세법」 개정안에 가상화폐 관련 안이 포함돼 국회에 제출되는 시기를 고려하면, 빨라도 2019년부터나 과세가 가능할 것으로 보인다.

가상화폐에 대한 G20 회원국 입장

G20 회원국들은 가상화폐 기반 기술의 잠재성에는 공감하지만, 투자자 보호 등 부작용에 대응하기 위한 국제 공조 방안을 검토해야 한다고 촉구했다.

- **G20 회원국** : 아르헨티나, 호주, 브라질, 캐나다, 중국, 프랑스, 독일, 일본, 인도, 인도네시아, 이탈리아, 멕시코, 러시아, 사우디아라비아, 남아프리카공화국, 한국, 터키, 영국, 미국, 유럽연합(EU)
- **G20 이외 국가** : 칠레, 네덜란드, 스페인

가상화폐 과세
팩트 체크

결정된 건 아무것도 없다. 가상화폐에 세금을 부과한다는 정부 방침이 전해지고 있지만 아직 어느 누구도 세금을 낸 적은 없다. 과세에 대한 근거도 없으며 세금을 내라는 사람(정부)도 없다.

그럼에도 가상화폐 시장은 '세금'이라는 단어 하나만으로도 요동친다. 과연 가상화폐에는 언제 세금이 붙는 걸까? 가상화폐 과세에 대해 잘못 알려진 사실들을 체크해 봤다.

가상화폐 시장은 '세금'이라는 단어 하나만으로도 요동친다. 여기저기서 쏟아지는 가상화폐 과세 이야기, 어디까지가 사실일까?

───── **팩트 체크 1 : 외국은 세금을 매긴다?**

국내에서 가상화폐 과세 문제가 떠오르자 외국 사례가 먼저 주목을 받았다. 미국, 영국, 호주, 일본, 독일 등 가상화폐 거래가 이뤄지는 상당수 국가에서 이미 가상화폐에 대해 세금을 부과하고 있으니 그 방식을 따를 것이란 전망이 나왔다.

하지만 사실이 아니다. 최근 미국과 일본, 독일 등에 담당자를 파견해 과세 동향을 살피고 있는 기획재정부는 "선진국들도 과세 원칙만 세웠을 뿐이다. 구체적으로 소득 산정은 어떻게 하고 세율은 얼마로 할지를 놓고 검토하는 단계"라고 설명했다.

일본의 경우 가상화폐 거래차익에 대해 우리의 기타소득 개념의 잡수익으로 보고 과세한다는 원칙은 세웠으나, 실무 작업이 늦어져 아직 과세는 이뤄지지 않고 있다. 미국은 2014년에 이미 연방국세청이 가상화폐를 자산으로 인정하는 유권 해석을 내리고, 자산 거래에 부합하는 과세 기준을 적용해야 한다는 방향을 제시했다. 하지만 후속조치가 따르지 않고 있다.

───── **팩트 체크 2 : 정부는 과세에 관심이 없었다?**

정부가 최근에서야 가상화폐 과세 방안을 마련하기 위해 분주하게 움직이면서 당국의 대응이 너무 늦었다는 지적도 적지 않다.

하지만 해외 사례와 같이 유권 해석 차원의 움직임은 제법 오래

국내에 가상화폐 바람이 불기 전인 2014년 부터 정부는 가상화폐 관련 납세자 질문에 유권 해석을 내놨다.

전에 나왔다. 국내에서 가상화폐 바람이 불기 전인 2014년 8월 25일 국세청은 '사업상 비트코인을 공급하는 경우 부가가치세를 내야 하는가?'라는 납세자의 질문에 유권 해석을 내린 적이 있다.

당시 국세청은 비트코인이 화폐로 통용되는 경우에는 과세 대상이 아니지만 재산적 가치가 있는 재화로 거래된다면 과세 대상이라는 중립적인 답변을 내놨다. 지금도 마찬가지지만 가상화폐에 대한 확실한 정의가 내려지지 않았기 때문이다. 2015년 12월과 2016년 12월에도 2014년과 동일한 부가가치세 과세 여부에 대한 질의가 있었고 국세청은 같은 답변을 했다.

가상화폐에 대한 과세가 언급될 때마다 가상화폐 시세는 춤을 췄다. 과세 기준이 마련되면 당장 세금 폭탄이 떨어질 것이라는 우려 때문인데, 현재 투자자들이 당장 세금을 낼 가능성은 희박하다.

현행「세법」에서 당장 과세가 가능한 부분은 사업소득세(법인은 법인세) 정도다. 그러나 국내에서 사업적으로 가상화폐를 거래하는 경우는 극히 드물고 대부분은 개인 투자자들이다. 개인이 가상화폐로 소득을 올릴 경우 양도차익에 대한 양도소득세를 부과하

가상화폐에 세금을 부과한다는 정부 방침이 전해지고 있지만「세법」을 만들고 시행하려면 산 넘어 산이다. 2018년 중에 과세 관청으로부터 가상화폐에 대한 세금을 추징당할 가능성은 제로(0)에 가깝다.

는 방법이 거론되고 있지만, 「소득세법」이 열거주의를 택하고 있어 「세법」 개정이 이뤄져야 과세할 수 있다.

「세법」을 개정하려면 정부가 개정안을 만들거나 의원입법을 통해야 하는데 적지 않은 시간이 걸린다. 이제야 해외 사례를 수집하는 단계이다 보니 서둘러야 2018년 여름 세제 개편 때 입법을 해 연말에나 통과될 것으로 보인다. 적어도 2018년 중에 과세 관청으로부터 가상화폐에 대한 세금을 추징당할 가능성은 제로(0)에 가깝다.

법이 통과된다고 하더라도 과세 인프라 정비 등 후속 작업이 언제쯤 가능할지도 알 수 없다. 선진국들이 과세 방향만 정하고 실행에 옮기지 못하는 이유도 이 때문이다. 우리나라도 최근 가상화폐 거래 실명제로 전환이 이뤄지고 있으나 중소형 거래소가 소외되는 등 곳곳에서 진통을 겪고 있다. 기본적으로 가상화폐 자체가 암호화되어 익명성을 담보하기 때문에 개인의 소득 확인 방법이나 신고 납부 방식 결정 등에 상당한 시일이 걸릴 전망이다.

다른 나라는 가상화폐에
어떤 세금을 부과할까?

부가가치세 'X'

정부가 조만간 가상화폐 과세 문제에 대해 답을 내놓을 예정이다.
이미 미국이나 일본, 독일, 영국 등 가상화폐 거래 상위권 국가들
이 가상화폐와 관련한 과세 방향과 체계를 마련해 놓고 있다는 점
에서 다소 늦은 감이 있다. 그렇다면 가상화폐에는 어떤 세금이
부과될까? 해외 사례를 참고해 세목별로 가상화폐 과세 가능성을
짚어보자.

간접세로 과세 당국의 입장에서 부과 징수가 편리한 부가가치
세부터 살펴보자. 부가세는 거래 단계에서 발생하는 부가가치에
붙는 세금이다. 따라서 부가가치가 발생하지 않는 지급 수단, 통
화의 거래에 대해서는 부가세를 매기지 않는 게 원칙이다.

상품권 100만 원어치를 현금 100만 원을 주고 구입할 때는 부

2018년 3월 19~20일 열린 G20 재무장관 회의에서 가상화폐 규제 관련 논의가 진행될 것으로 알려지면서 가상화폐 전 종목의 시세가 출렁였다. 가상화폐는 규제에 민감하게 반응하는 만큼 다른 나라의 가상화폐 과세 방향과 체계를 살펴보는 것이 중요하다.

가세가 따로 붙지 않는다. 지급 수단만 달라진 것이지 100만 원이라는 가치에는 변화가 없기 때문이다.

따라서 부가세 부과는 가상화폐를 어떻게 정의하는가에 달려있다고 봐야 한다. 이미 가상화폐 과세 체계를 구축한 대다수 국가는 가상화폐를 지급 수단으로 인정해 부가세를 비과세하고 있다.

1비트코인이 1000만 원이라고 가정하면 1비트코인으로 1000만 원어치를 지불할 수 있다는 점에 동의했다는 얘기다. 미국과 영국, 호주, 일본 등은 이런 이유로 가상화폐 거래에 부가세 혹은 소비세를 부과하지 않기로 했다.

주요 국가별 가상화폐 과세 방향			
국가	소득세·법인세	양도소득세(자본이득세)	부가가치세(소비세)
미국	○	○	X
영국	○	○	X
호주	○	○	X
일본	○	○	X
독일	○	○	○ → X
싱가포르	○	X	○

독일의 경우 가상화폐 거래를 '물물교환'으로 취급하고 부가세를 부과하고자 했으나, 최근 유럽사법법원이 가상화폐는 가치를 더하는 상품으로 보기 어렵다고 판단하면서 비과세로 방침을 바꿨다. 유럽 전역이 마찬가지 흐름이다.

———   사업소득세 'O'

그렇다면 가상화폐로 벌어들인 소득에 대해서는 세금을 부과할 수 있지 않을까? 미국과 영국, 호주, 일본, 독일, 싱가포르까지 가상화폐 과세 방향을 정한 거의 모든 국가들이 가상화폐 소득에 소득세를 부과하기로 했다.

우리나라 과세 당국도 소득세(법인은 법인세)를 가장 유력한 과

우리나라 과세 당국도 소득세를 가장 유력한 가상화폐 과세 후보로 꼽고 있다.

세 후보로 꼽고 있지만, 문제는 우리나라 현행 「소득세법」이 열거주의를 채택하고 있다는 점이다(「세법」에 열거된 것은 과세할 수 있지만 열거하지 않은 것은 과세 근거가 불명확하다).

가상화폐를 기준으로 보면 ① 가상화폐를 채굴하거나 거래하는 사업을 해서 얻은 사업소득과 ② 가상화폐를 매입하고 또 타인에게 양도하면서 발생한 양도소득이 과세 대상으로 거론된다.

사업소득의 경우 현행 세법에서 어떤 것을 사업소득으로 볼 것인지를 일일이 나열해 두고 있지만, 가상화폐와 관련된 항목은 찾기 어렵다. 다만 추가적으로 '계속적 · 반복적인 영리 목적의 활동을 통한 소득'도 사업소득으로 보고 있다는 점을 근거로 들 수 있다. 특정인이 반복적으로 사고팔기나 채굴 등의 활동을 해서 수익이 생겼다면 사업소득으로 과세할 수 있다는 것이다.

기타소득
이자소득, 배당소득, 사업소
득, 근로소득, 연금소득, 퇴직
소득, 양도소득 외의 소득 가
운데 과세 대상으로 열거한 소
득을 말한다. 상금, 복권당첨
금, 보상금 등의 우발적인 소
득과 예술 창작품에 대한 원작
자로서 받는 소득, 원고료, 일
시적 인적용역에 대한 대가,
서화·골동품 양도로 발생하
는 소득, 종교인 소득 등이 기
타소득에 속한다.

하지만 이때도 '계속적·반복적인 활동에 의한 소득'에 대한 해석을 놓고 법적 논란이 생길 수 있다. 결국 「세법」을 개정해 가상화폐와 관련한 소득세 과세 항목을 신설해야만 논란을 잠재울 수 있다. 또한 반복적인 활동으로 보기 어려운 일반 사업자(개인 채굴 및 거래)의 경우 기타소득*으로 구분할지에 대한 해답도 찾아야 한다.

양도소득세 'O'

양도소득세도 상당수 국가가 채택하고 있는 가상화폐 과세 방안이다. 가상화폐 선물 거래까지 허용한 미국은 가상화폐의 '채굴'과 '사용' 두 가지 측면에서 양도세 과세 기준을 두고 있다. 채굴의 경우 취득 시점의 시장가격에서 채굴 비용을 뺀 이익에 대해 과세한다. 사용 측면에서는 가상화폐를 양도하거나 지불 수단으로 사용했을 때 매각차익에 대해 과세하도록 했다.

세계 최초로 가상화폐를 법정통화로 인정한 영국은 개인의 매각차익에는 과세하지 않고(비과세), 법인이나 개인이 사업화한 경우에만 매각차익에 대해 과세하기로 했다. 독일은 가상화폐를 취득한 후 1년 안에 양도한 경우에만 매각차익에 대해 과세하고, 일본은 매각차익을 우리의 기타소득 개념인 잡수익으로 보고 과세할 계획이다.

하지만 우리나라의 경우 현행「세법」으로는 양도차익 과세가 어렵다는 의견이 지배적이다. 양도세도 열거주의(부동산, 주식, 회원권 등)를 채택하고 있어 법 개정을 통해 가상화폐를 회원권과 같이 별도의 항목으로 열거해야 과세할 수 있게 된다.

그런데 주식의 경우 일부 대주주에게만 양도세를 부과하고 있어 역차별 논란이 생길 수 있다. 이런 이유로 양도세보다는 주식을 거래할 때 내는 증권거래세 형태의 저세율 거래세가 오히려 낫다는 의견도 나온다. 우리나라는 1996년부터 모든 장내외 증권 거래에 통상 0.3%의 증권거래세를 부과하고 있다.

기획재정부 관계자는 "금융위원회가 가상화폐를 금융 상품으로 보지 않기로 한 만큼 주식 거래에 한해 걷고 있는 거래세를 적용하기는 어려울 것"이라고 전망했다.

상속·증여세 '△'

가상화폐가 아직 제도권 밖에 머물러 있으면서 상속이나 증여 수단으로 고민하는 경우도 적지 않은 것으로 알려지고 있다. 자산가들의 상속이나 증여에는 거액의 세금이 따르기 마련이다. 그런데 가상화폐는 아직 과세 방침이 정해져 있지 않으니 이보다 더 좋은 부의 대물림 수단이 따로 없다는 판단이 나오는 것이다.

국세청은 현행「세법」체계에서도 상속·증여세 과세에는 문제

가상화폐가 아직 제도권 밖에 머물러 있으면서 상속이나 증여 수단으로 고민하는 경우도 적지 않은 것으로 알려지고 있다.

가 없다는 입장이다. 상속·증여세는 나열된 것만 과세하는 열거주의가 아닌 폭넓은 해석을 통해 과세하는 포괄주의를 채택하고 있기 때문이다.

　금전으로 환산할 수 있는 경제적 가치가 있는 모든 물건, 그리고 재산적 가치가 있는 법률상 또는 사실상의 모든 권리, 금전으로 환산할 수 있는 모든 경제적 이익이 상속세와 증여세 과세 대상이다. 가상화폐도 경제적 가치를 가진 유무형 자산으로 간주하면 과세 대상이 된다.

　하지만 상속·증여세 역시 큰 과세 결함을 갖고 있다. 바로 자산의 가치 평가다. 상장주식은 상속세나 증여세를 부과할 때 평가 기준일 전후 2개월 간의 종가 평균을 과세 기준으로 한다. 하지만 가상화폐는 24시간 장이 열려 있고 시간, 심지어 분초 단위로 가격이 급등락하고 있어서 종가라는 개념이 성립하지 않는다.

더구나 개인 간 가상화폐를 이전하는 것을 과세 당국이 포착하기란 더더욱 어려운 것이 사실이다. 상속세와 증여세를 부과하기 위해서는 가상화폐를 이전하는 경로를 추적하는 것은 물론이고, 자산 가치 평가 기준까지 마련해야만 한다는 숙제가 남는다.

우리나라 과세 당국도 가상화폐에 부가세를 과세하는 것은 논외로 하고 있다. 과거 게임머니에 대해 부가세 과세 대상인 '재화'로 판단한 대법원 판례가 있지만, 한정된 공간에서 제한적인 용도로만 사용할 수 있는 게임머니와 전 세계에서 통용되는 가상화폐는 전혀 다른 문제이기 때문이다.

가상화폐에 상속·증여세를 부과하기 위해서는 가상화폐를 이전하는 경로를 추적하는 깃은 물론이고, 자산 가치 평가 기준까지 마련해야만 한다는 숙제가 남는다.

과세는
시장 안정화의 신호탄

───── **과세가 현실화되기까지 풀어야 할 과제**

정부가 2018년 1월 30일 가상화폐 거래 실명제를 시행한 데 이어 과세 방안에 대해서도 검토하고 있다. 가상화폐 매매차익에 대한 양도소득세부터 거래세와 상속·증여세까지 다양한 세목이 논의 대상에 포함돼 있다. 가상화폐 과세 분야 전문가인 전규안 숭실대 학교 회계학과 교수(전 한국납세자연합회장)를 만나 가상화폐의 세 목별 쟁점과 과세 방안에 대해 들어봤다.

Q 개인이 매매차익을 얻었다면 과세할 수 있는가?

A 현재는 가상화폐의 성격이 정의되지 않은 상태여서 과세하 기 어려운 측면이 있다. 가상화폐를 증권이나 재화(자산)로 규정하 면 양도세를 과세할 수 있다. 현행 「세법」상 양도세 과세 대상은

토지와 건물, 부동산에 관한 권리, 주식, 파생상품 등이므로 가상화폐에 양도세를 과세하려면 「세법」상 양도소득세 범위에 가상화폐를 추가하는 입법이 필요하다. 또한 가상화폐를 무형자산으로 보는 경우 기타소득세를 과세할 수 있다.

Q 국세청이 어떤 방법으로 과세 자료를 확보할 수 있는가?

A 양도세는 양도차익(취득가액 − 양도가액)에 대해 과세하므로 양도가액과 취득가액에 대한 정보가 있어야 과세할 수 있다. 가상화폐 거래소에 지급명세서 제출을 의무화하면 국내 거래에 한해 양도가액과 취득가액을 파악할 수 있다.

과세가 가상화폐 시장을 위축시킬 것이라는 우려가 있지만, 과세를 통해 가상화폐 시장을 제도권에 편입시킴으로써 시장이 안정될 것이라는 기대도 나온다.

Q 가상화폐를 물려줄 경우 상속세나 증여세를 내야 할까?

A 상속·증여세는 포괄주의에 따라 과세하므로 현재도 과세할 수 있다. 다만 자산 가치 평가 방법에 대해서는 추가로 논의해야 한다. 또 과세 당국이 상속 여부를 확인하기 어렵다는 문제가 있다. 예를 들어 사망하기 전에 자녀에게 지갑 주소를 알려주면, 자녀가 자신의 지갑으로 가상화폐를 옮길 수 있다. 이를 현금화하기 전까지 상속 여부를 확인할 수 없다.

———   **거래세 과세는 커다란 조세 저항 예상**

Q 개인의 가상화폐 채굴에 대해서도 과세할 수 있나?

A 채굴 활동이 계속·반복적으로 이뤄졌다면 사업소득으로 과세할 수 있다. 채굴 활동으로 인한 소득을 「소득세법」상 사업소득세 과세 대상으로 열거하면 과세 근거가 더욱 명확해진다. 일시적인 채굴 활동으로 인한 소득은 기타소득으로 볼 수 있다. 소득세는 원칙적으로 열거주의를 따르므로 법에 과세 대상으로 규정돼 있어야만 과세할 수 있다. 따라서 사업소득 또는 기타소득으로 과세하려면 「소득세법」상 과세 대상으로 규정해야 한다.

Q 법인이 채굴했다면 과세할 수 있을까?

A 법인이 채굴 활동으로 벌어들인 소득은 현행 「세법」 체계에서도 법인세를 과세할 수 있다. 다만 채굴에 드는 비용을 어디까

		납세자 및 세목별 과세 여부	

납세자 및 세목별 과세 여부

구분	법인	개인

채굴 활동		① 계속적·반복적인 경우 : 소득세(사업소득)
		  ＊사업소득으로 열거 후 과세 가능
		
		② 일시적인 경우 : 소득세(기타소득)
		  ＊기타소득으로 열거 후 과세 가능

투자 활동
(취득과 양도)
	법인세 :
	현재 과세
	가능
		① 계속적·반복적인 경우 : 소득세(사업소득)
		  ＊사업소득으로 열거 후 과세 가능
		
		② 일시적인 경우
		  • 재산적 가치가 있는 재화 또는 주식으로 보는
		    경우 : 양도세
		    ＊양도소득으로 열거 후 과세 가능
		  • 무형자산으로 보는 경우 : 기타소득세
		    ＊기타소득으로 열거 후 과세 가능

상속 및 증여	상속세 및 증여세 : 현재도 과세 가능	
거래	부가가치세 : 과세하지 않는 것이 바람직함 거래세 : 입법 후 과세 가능	

지 인정할지가 문젯거리가 될 수 있다. 예컨대 채굴에 사용한 컴퓨터나 부속 장비에 대해 감가상각을 해 줄 것인지 등이 쟁점이 될 것이다.

Q 주식처럼 거래세를 과세할 수도 있나?

A 거래세는 양도가액의 일정 비율에 해당하는 세금을 부과하는 것이다. 현재 상장주식에는 0.3%의 증권거래세를 매기고 있다. 취득가액을 모르더라도 판매가액만 알면 과세할 수 있어서 양도세보다는 간단하다. 그런데 가상화폐가 지금처럼 거래 빈도가 높고 금액이 크다면 거래세 과세 시 추징세액이 너무 커지게 된다. 게다가 손실을 보는 경우에도 세금을 내야 하므로 조세 저항이 만만치 않을 수도 있다. 특히 단타매매로 수익을 노리는 투자자들은 거래세를 매기면 세금 부담이 매우 커진다.

가상화폐는 익명성을 바탕으로 하기 때문에 개별 과세 정보가 확인되지 않으면 기본적으로 과세하기 어렵다.

Q 가상화폐를 통한 조세 회피 가능성은 얼마나 되나?

A 가상화폐는 익명성을 바탕으로 하기 때문에 개별 과세 정보가 확보되지 않으면 기본적으로 과세하기 어렵다는 한계가 있다. 특히 개인 간 거래나 외국 거래소를 통해 가상화폐를 구입해 국내로 들여오는 경우에는 과세 정보를 파악하기 어렵다. 국제 공조도 단기간에 이뤄지기는 쉽지 않다. 결국 가상화폐 거래소를 합법화함으로써 거래소에서 이뤄지는 거래부터 파악하는 게 가장 현실적인 방법이다.

—————　　　　　　　　　　　　　　　'과세 = 제도권 진입'

Q 가상화폐에 과세하기 위해 국세청은 어떻게 대처해야 할까?

A 개별 과세 정보를 확보하는 게 가장 중요하다. 그 출발점으로 정부가 2018년 1월 30일 가상화폐 거래 실명제를 도입했다. 여기서 한발 더 나아가 가상화폐 거래소에 거래 자료 제출 의무를 법적으로 부과해야 한다. 국가에서 국가로 이동하는 가상화폐의 조세 회피를 방지하려면 국제 공조 역시 필요하다. 가상화폐 평가, 원천징수, 분리 과세 또는 종합 과세 여부 등 세부적인 사항은 과세 인프라를 구축하고 나서 결정하면 될 것이다.

Q 투자자들은 세금에 대해 어떤 생각을 가져야 할까?

A '소득이 있는 곳에 세금이 있다'는 평범한 진리를 기억해야

가상화폐 투자자들은 '소득이 있는 곳에 세금이 있다'는 평범한 진리를 기억해야 한다.

한다. 어떤 분들은 과세하면 가상화폐 시장이 위축되지 않을까 우려하기도 한다. 그러나 가상화폐를 제도권으로 편입하면서 과세하는 것이므로 시장에는 오히려 긍정적 신호탄이 될 수도 있다.

3억 원을 벌었다면,
세금은 얼마나 낼까?

가상화폐 양도소득세율을
20%로 가정한다면, 거래
차익 3억 원에 대한 양도
소득세는 6600만 원(지방
소득세 포함)이다.

———— **3억 원 벌면**
양도소득세는 6600만 원

"지난해에 비트코인에 투자해
3억 원을 벌었습니다. 세금은 얼
마나 될까요? 그리고 세금은 꼭
내야 하나요?" 최근 가상화폐에
투자한 법인이나 개인사업자,
개인 투자자들에게 과세 적용 시
기와 세율, 세금의 종류에 관한 문
의를 자주 받는다.

정부가 가상화폐 투자에 어떻게
과세할 것인지 구체적으로 발표한

주식 양도소득세율

구분		세율		
대주주	1년 미만 보유 주식 (중소기업 주식 제외)	30%		
	이 외의 주식	과세 표준	세율	누진 공제
		3억 원 이하	20%	–
		3억 원 초과	25%	1500만 원
대주주가 아닌 자	중소기업의 주식	10%		
	이 외의 주식	20%		

소득세율표

과세 표준	소득세율	누진 공제액
1200만 원 이하	6%	–
1200만 원 초과 4600만 원 이하	15%	108만 원
4600만 원 초과 8800만 원 이하	24%	522만 원
8800만 원 초과 1억 5000만 원 이하	35%	1490만 원
1억 5000만 원 초과 3억 원 이하	38%	1940만 원
3억 원 초과 5억 원 이하	40%	2540만 원
5억 원 초과	42%	3540만 원

법인세율표

과세 표준	소득세율	누진 공제액
2억 원 이하	10%	–
2억 원 초과 200억 원 이하	20%	2000만 원
200억 원 초과 3000억 원 이하	22%	4억 2000만 원
3000억 원 초과	25%	94억 2000만 원

바는 없지만, 거래차익에 대한 과세 금액은 현행 「세법」을 기준으로 계산해 볼 수 있다. 현재 법인세율과 소득세, 양도소득세율(상장주식)은 다음과 같다.

양도소득세
자산에 대한 등기 또는 등록과 관계없이 매도·교환·법인에 대한 현물 출자 등으로 그 자산이 사실상 유상으로 이전되는 '양도'로 발생한 소득에 부과하는 조세다.

예를 들어 가상화폐 거래차익 3억 원에 대한 법인세와 소득세는 지방소득세를 포함해 각각 4400만 원, 1억 406만 원이 된다.

양도소득세는 자산의 종류마다 세율이 달라서 조금 더 복잡하다. 주식의 양도소득세율은 10~30%다. 그 중간값인 20%를 가상화폐의 양도소득세율로 가정한다면, 거래차익 3억 원에 대한 양도소득세는 6600만 원(지방소득세 포함)이 된다.

—————— **가상화폐 관련 세금, 언제부터 내야 할까?**

그렇다면 현시점에서 이런 세금을 다 내야 할까? 정부는 가상화폐와 관련해 법인세와 양도소득세 과세를 유력하게 검토하고 있다. 통상 2019년 「세법」 개정안은 2018년 8월에 기획재정부가 발표한다. 따라서 가상화폐와 관련한 「세법」 개정안이 나오더라도 국회 본회를 통과한 후 2019년도부터 과세가 이뤄질 것으로 예상된다.

그러나 법인세의 경우 「세법」 개정이나 입법 없이도 과세할 수 있다. 법인세는 '순자산증가설'이라는 대원칙을 따르기 때문이

순자산증가설과 소득원천설

소득세는 개인이 얻은 소득에 부과하는 조세다. 소득세를 부과하려면 우선 소득이 무엇인지 정의해야 한다. 소득의 개념을 규정하는 대표적 학설이 '소득원천설'과 '순자산증가설'이다. 소득원천설은 일정한 수입 원천으로부터 계속적·반복적으로 생기는 수입을 소득으로 본다. 일시적·우발적인 소득은 원천을 알 수 없으므로 과세 소득에서 제한다. 소득원천설은 「세법」에 열거된 소득만 과세하는 '열거주의' 입장으로 연결된다.

우리나라 현행 「소득세법」은 기본적으로 소득원천설 입장을 취하고 있다. 그러나 일시적·우발적 소득을 기타소득이라는 명목으로 과세하고 있는 점 등으로 보아 순자산증가설 입장을 일부 채택하고 있다.

순자산증가설은 소득을 일정 기간 증가한 재산의 총액에서 그 기간에 감소한 재산의 총액을 차감한 잔액이라고 본다. 즉, 자본 이득, 일시적 소득뿐만 아니라 보유 자산의 가치 상승으로 발생하는 미실현 이득, 보유 자산을 이용해 얻는 귀속소득도 과세 대상이 된다. 법인세는 순자산증가설이라는 대원칙에 따라 과세하고 있다.

다. 소득의 종류를 막론하고 법인의 자산, 즉 소득이 증가했다면 그에 대해 과세할 수 있다.

법인이 비트코인과 같은 가상화폐에 투자해 양도차익이 발생했다면 법인세 과세가 가능하다. 법인이 채굴사업을 한다면 순자산증가설에 따라 채굴수익(채굴 시점의 시가)에서 비용을 차감한 소득에 대해 법인세를 부과할 수 있다.

개인의 경우에도 소득세 과세가 가능한 측면이 있다. 개인 투자자 중에서도 계속적이고 반복적으로 투자했다면 사업소득으로 보고 과세할 수 있다. 세율은 종합소득세의 세율을 적용받는다. 개인이 채굴사업을 하더라도 사업소득으로 과세할 수 있다.

가상화폐를 외화와 같은 '통화'로 간주하는 경우 매각차익은 환차익에 해당하므로 개인에게는 비과세된다.

그러나 정부는 가상화폐를 미국처럼 「세법」상으로는 '자산'으로 간주하고 양도소득세를 과세하는 방법을 유력하게 검토하고 있다. 양도소득세를 과세하는 대상은 「세법」상 열거된 자산에 한해서 적용하므로, 가상화폐 매각차익을 과세 대상에 추가하는 「세법」 개정안 입법이 필요하다.

만약 가상화폐에 양도소득세를 매긴다면 유가증권 중 주식처럼 간주해 과세하는 방식이 거론된다. 현재 주식에 대한 양도소득세는 상장주식의 경우 대주주에 대해 과세하고, 비상장주식과 해외주식 거래에도 과세하고 있다. 세율은 10~30%(보유 기간 등에 따라

법인이 채굴사업을 한다면 채굴수익(채굴 시점의 시가)에서 비용을 차감한 소득에 대해 법인세를 부과할 수 있다. 개인은 사업소득으로 과세할 수 있다.

차등)를 적용한다.

이를 위해서는 가상화폐 거래 실명제 도입으로 거래소 등을 통해 개개인의 거래 내역을 포착할 필요가 있다. 또한 과세를 위한 평가 방법 및 차익 계산 방법, 적정 세율 등을 마련해야 한다. 적어도 2018년 상반기 중에는 이러한 부분이 가상화폐 태스크포스(TF)에서 논의될 것으로 보인다.

——— 가상화폐에 맞는 절세 비법이 따로 있다!

가상화폐 거래소에서의 거래하는 형태는 크게 원화 거래와 비트코인, 이더리움, 데더(USDT) 등 코인마켓을 이용한 거래로 나눌 수 있다. 원화 거래는 가상화폐를 매각하는 시점에 원화로 매각차익이 발생한다. 가상화폐를 현금화하는 시점에 과세하는 것이 현재 주요 국가의 가상화폐 과세 방안이다.

이 외에도 매각차익에 대한 손실상계(또는 이월)를 인정할 것인지, 1년 단위로 차익을 계산해 양도소득세를 신고하는 것인지 등 모호한 부분들이 많이 남아있다. 특히 손실상계(이월)가 인정되지 않는다면 이익과 손실을 통산해 실질적으로 손실이 난 경우에는 납세자들의 강한 반발이 예상된다.

만약 가상화폐 투자 손실의 상계나 이월이 가능하다면, 해당 과세 연도에 손실을 확정해서 이익을 줄이는 방법이 있을 수 있다. 또 가상화폐를 매각해 현금화하는 시기를 분산하는 방안도 고려

가상화폐에 과세하더라도 해당 과세 연도에 손실을 확정해서 이익을 줄이고, 가상화폐를 매각해 현금화하는 시기를 분산하는 등 다양한 절세 방법을 찾아볼 수 있다.

해 볼 만하다.

아울러 다른 양도소득세 과세 자산처럼 보유 기간별로 세율 차등 혜택이나 공제 혜택이 있다면 장기 보유 시 절세가 가능해진다. 다만 법인세를 제외하면 가상화폐 과세와 관련된 「세법」이 만들어지기 전까지는 소급입법의 금지* 원칙에 따라 비과세가 적용될 것으로 판단된다.

소급입법의 금지
새롭게 제정한 법을 거슬러 올라가 법이 제정되기 전의 사실 (위반 행위)에 적용(처벌)하는 것을 금지하는 원칙이다. 소급입법의 금지는 「헌법」 제13조 제2항 "모든 국민은 소급입법에 의하여 참정권의 제한을 받거나 재산권을 박탈당하지 아니한다"에 근거한다.

손서희 나이스세무법인 세무사

CHAPTER 5......

Chapter 5

투자와 투기 사이, 위태로운 줄타기

가상화폐는
법정통화가 될 수 있을까?

—— 　　　　　　　　　　**한낱 꿈으로 끝날 것인가?**

가상화폐를 규제할 것인가? 만약 한다면 얼마나 그리고 어떻게 규제할 것인가? 이 문제에 대한 답을 구하기 위해서는 가상화폐의 두 가지 측면, 즉 '가상' 기술과 '화폐'로서의 기능을 모두 다 고려해야 한다. 현재 우리나라에서는 가상 기술의 발전을 명분으로 규제에 반대하는 입장이 더 우세한 것으로 보인다. 따라서 가상화폐가 화폐로 어떤 기능을 하고 있는가에 대해서는 별다른 주목을 받지 못하고 있다.

　화폐는 어떤 형태이든 간에 교환 수단, 가치 척도, 가치 저장이라는 세 가지 기능을 가지고 있다. 2008년 나카모토 사토시라는 정체불명의 사람이 쓴 논문에서 기원한 비트코인은 세계적으로 다수의 거래소에서 비슷한 시세로 거래되고 있다. 이 사실만 보면

가상화폐는 화폐의 세 가지 기능
을 다 가지고 있는 듯 보인다.

> " 가치가 얼마나 오를지 말할 수 없는 상황에서 가격이 상승하고 있다는 점이 비트코인의 진정한 거품이다. "
> 워런 버핏

그럼에도 불구하고 가상화
폐가 사기라는 논란이 그치지
않고 있다. 버크셔 해서웨이
워런 버핏(Warren Buffett) 회장
은 "가치가 얼마나 오를지 말할 수
없는 상황에서 가격이 상승하고 있다는
점이 비트코인의 진정한 거품"이라고 말했다. 제이미 다이먼(Jamie
Dimon) JP모건 회장 역시 2018년 초 후회한다고 했지만, 2017년
에 "비트코인은 사기다. 그 거품은 곧 꺼질 것이고, 여기에 절대
투자하지 않을 것"이라고 발언한 바 있다.

이런 주장의 근거는 거의 대부분 가상화폐가 화폐의 세 가지 기
능을 안정적으로 유지하지 못하고 있다는 사실에 있다. 2012년 말
10달러에 불과했던 비트코인의 가치는 2013년부터 폭등하기 시
작해 2018년 1월 1만 1000달러를 상회
했다. 이렇게 가격이 크고 빠르게
변하는 화폐는 교환 수단과 가치
척도로서 기능을 제대로 할 수
없다. 물론 가격이 계속 오른
다는 전망이 있다면 비트코인
은 가치를 저장하는 수단으로
활용될 것이다. 그러나 반대로

> " 비트코인은 사기다. 그 거품은 곧 꺼질 것이고, 여기에 절대 투자하지 않을 것이다. "
> 제이미 다이먼

가격이 폭락한다면 투매가 가속화되어 거래가 급속히 줄어들어, 이 기능마저 무효가 될 것이다. 따라서 지금처럼 가격이 큰 폭으로 계속 변동할 경우, 가상화폐는 화폐라기보다는 '카지노(casino) 자본주의'의 투기 수단이라는 비판을 피하기 어렵다.

─── 화폐의 신용과 신뢰를 보장하는 장치 필요

가상화폐가 장기적으로 안정적 가치를 유지하기 위해서는 국내는 물론 국제적 차원에서 정치 권력의 인정을 받아야 한다. 종이 쪼가리에 불과한 지폐가 법정통화(legal tender)로 부상하는 과정은 근대국가에서 재무부와 중앙은행이라는 경제 제도의 성립 과정과 중첩되어 있다. 가상화폐는 금과 은 같은 귀금속 화폐는 물론 지폐보다도 액면 가치와 실질 가치의 차이가 훨씬 더 크기 때문에, 화폐에 대한 신용과 신뢰를 보장하는 제도적 장치가 더욱더 강력

달러화의 법정통화(legal tender) 표시

해야 한다.

명목가치와 실질가치의 차이는 화폐주조차익(seigniorage)*이라는 정치적 문제를 내포하고 있다. 현재 대부분의 국가에서 그 차익은 발권력을 독점하는 중앙은행을 통해 국가재정으로 귀속된다. 국가가 차익을 독점하는 근거는 재정을 공공의 목적과 이익을 위해서 활용한다는 정치적 정당성에 있다.

> **화폐주조차익(seigniorage)**
> 중앙은행이 화폐를 발행함으로써 얻는 이익이다. 지폐와 동전과 같은 현금을 발행할 때는 도안과 인쇄, 위조 방지를 비롯해 돈을 보관하고 운송하는 데도 적지 않은 비용이 든다. 화폐주조차익은 화폐의 액면가에서 이러한 제조 비용을 뺀 이익이다. 다른 말로 '시뇨리지'라고 한다.

현재 가상화폐의 개발자와 채굴자 모두 익명이기 때문에 가상화폐의 화폐주조차익을 누가 어떻게 보유하고 분배하는지 정확하게 파악을 할 수 없다. 또한 거의 대부분의 국가에서 막대한 거래수익을 올리는 투자자와 거래소에 대해 세금도 부과하지 않고 있다. 화폐주조차익과 과세 문제를 해결하지 않는다면, 가상화폐는 법정통화에 필수적인 정치적 정당성을 부여받을 수 없다.

기술결정론과 인간의 광기가 독(毒)

가상화폐가 정치적으로 부정적인 측면만 있는 것은 아니다. 최근 가상화폐 열풍은 단기적으로 고수익을 거두려는 투자(사실상 투기)를 조장하는 단점만을 여실히 노출시켰다. 그러나 핀테크(과학기술과 금융의 결합)의 시각에서 보면, 가상화폐는 금융시장에서 소외된 계층에 금융 서비스의 접근성 및 이용 기회를 확장하는 '포용

가상화폐가 기축통화가 되기 위해서는 현재 패권국인 미국과 향후 패권국으로 평가되는 중국의 정치적 지지가 필수적이다.

금융(inclusive finance)' 수단으로 활용될 수 있는 장점을 가지고 있다.

대다수 가상화폐가 국경을 넘어서서 자유롭게 거래되고 있다는 점에서, 특정한 가상화폐가 기축통화(key currency)로 부상할 가능성도 배제할 수 없다. 전 세계적 차원에서 경제 통합이 시작된 19세기 중반 이후 현재까지 기축통화로 인정받는 법정통화는 금, 영국 스털링 파운드, 미국 달러다. 귀금속인 금을 제외하면 파운드와 달러는 모두 패권국의 법정통화였다. 따라서 가상화폐가 기축통화가 되기 위해서는 패권국의 정치적 지지가 필수적이다.

이런 점에서 현재 패권국인 미국과 향후 패권국으로 평가받는 중국의 정책 방향이 가상화폐의 국제화에 결정적 영향을 미칠 것이다. 현재 미국 정부의 공식적인 입장은 나오지 않았지만, 중국은 비트코인 거래소를 폐쇄하는 것은 물론 개인 간 거래까지 단속하고 있다.

마지막으로 가상화폐에 대한 논의에서 이익 상충 문제에 주의할 필요가 있다. 가상화폐나 블록체인에 연관된 과학기술자나 투자자는 규제를 거의 무조건 반대하고 있다. 미래에 유망한 기술이라는 명분으로 포장된 기술결정론은 '화폐를 만드는 기술이 얼마나, 어떻게 변화하든지 화폐의 속성은 근본적으로 변하지 않는다'는 역사적 교훈과 배치된다. 더 중요한 것은 이 논리 뒤에 규제가 강화되면 가격 하락으로 손해를 본다는 이해관계가 존재한다는 사실이다.

아이작 뉴턴(Isaac Newton)은 영국 조폐국(Royal Mint) 국장으로 일하던 시절인 1720년 '사우스 시(South Sea) 버블' 사건에서 약 2만 파운드의 손실을 봤다. 뉴턴은 "나는 천체의 움직임을 계산할 수 있지만, 인간의 광기를 계산할 수 없다.(I can calculate the movement of the stars, but not the madness of men.)"고 한탄한 바 있다. 블록체인과 인공지능(AI) 같은 새로운 기술이 화폐를 만들고 사용하는 사람의 본성을 변화시키지 않는 한, 뉴턴의 후회는 계속 유효할 것이다.

이왕휘 아주대학교 정치외교학과 교수

역사는 반복된다. 자산시장도 마찬가지다. 유럽의 튤립 투기에서 시작된 자산 버블의 역사는 기술 문명의 발달과 궤를 같이하며 이곳저곳을 옮겨 다녔다. 가상화폐가 과연 거품인지 아닌지 알기 위해서는 과거 자산 거품이 발생하고 그것이 무너진 사례들을 살펴볼 필요가 있다.

1634~1638년
네덜란드 튤립 버블

역사상 최초의 투기 대상은 '튤립 구근'이었다. 1630년대 국제 무역으로 황금기를 구가하던 네덜란드에서는 튤립 희귀종이 신분 상승의 상징이자 최고의 투자 대상이 되면서 가격이 폭등했다. 그러나 집 한 채 값과 맞먹던 튤립 가격은 하룻밤 새 곤두박질쳤고 네덜란드 경제는 파탄에 이르렀다.

1720년
프랑스 미시시피 버블

프랑스에서 경제학자 존 로(John Law)가 아메리카의 루이지애나 식민지 개발권과 교역권을 독점 소유하는 '미시시피'라는 회사를 사들이고 주식을 공모했다. 존 로는 자기 은행인 방크 로얄르(Banque Royale)에서 찍은 지폐로 주식 살 돈을 대출해 줬다. 미시시피 주가는 30배나 폭등했다가 한순간 폭락했다.

1720년
영국 사우스 시 South Sea 버블

사우스 시는 해외 무역권을 독점한 영국의 무역회사였다. 무역회사에서 금융회사로 변신한 사우스 시는 주식을 영국 국채로 교환해줬다. 사우스 시의 주가는 6개월 동안 10배 상승했다. 귀족들뿐만 아니라 영국 중산층도 목돈을 들고 사우스 시 주식을 샀다. 당시는 산업혁명 태동기로 장밋빛 전망이 사회 전반에 만연해 있었다.

1985~1990년
일본 자산 버블

1980년대 초 오일쇼크 이후 일본 정부가 엔저 정책을 펴자, 통화량이 급증하고 일본의 수출 경쟁력이 급속하게 향상하며 시장이 들썩였다. 1985~1989년 사이 일본 주식은 평균 네 배 올랐다. 일본인들은 부동산을 닥치는 대로 사들였다. 하지만 일본 중앙은행이 금리를 인상한 후 10년 간 집값은 60%, 상업용지는 80%나 폭락했다.

1997~2000년
닷컴 버블

인터넷이 폭발적으로 성장한 20세기 말에는 전 세계에서 동시다발적으로 닷컴(.com) 버블이 발생했다. 닷컴을 붙이기만 하면 뭐든 돈이 됐다. 증시에 상장된 IT 벤처기업들의 주가가 치솟았다가 한순간에 폭락했다. 2000년 말 대부분의 닷컴 기업들이 도산했고, 꼭짓점에서 닷컴주를 샀던 투자자들은 평균 80%의 손실을 보았다.

2003~2007년
미국 부동산 버블

CDO(부채담보부증권)로 돈이 몰리자 2003년 투자은행들은 신용등급이 낮은 '서브프라임' 등급의 고객에게도 대출을 해주기 시작했다. 끝없이 오를 것만 같던 집값은 2006년을 정점으로 내리막 곡선을 탔다. CDO 수익률이 마이너스를 기록하자, 여기에 투자한 투자은행들이 하나둘 파산하며 전 세계가 금융위기에 빠져들었다.

태생은 화폐였으나,
투자 자산이 된 가상화폐

—————   **탈중앙화를 꿈꾼 화폐의 탄생**

비트코인(bitcoin)은 2009년 나카모토 사토시가 만든 디지털 통화로, 통화를 발행하고 관리하는 중앙 장치가 존재하지 않는다. 대신 비트코인 거래는 개인과 개인이 직접 연결되는 P2P를 기반으로 하는 분산 데이터베이스에 의해 이루어진다. 비트코인은 공개성을 가진다. 비트코인은 지갑 파일 형태로 저장되는데, 지갑 파일에는 각각의 고유 주소가 부여돼 그 주소를 바탕으로 거래가 이루어진다. 비트코인은 1998년 암호학 전문가 웨이다이(Wei Dai)가 사이버펑크 메일링 리스트에 올린 '암호통화(cryptocurrency)'라는 구상을 최초로 구현한 것 가운데 하나다.

위 내용은 흔히 접할 수 있는 비트코인에 관한 설명이다. 비트코인은 가상화폐 또는 전자 지급 결제 시스템으로 태어났다. 비트코인 이용자들뿐만 아니라 대부분의 사람이 이를 매우 자연스럽게 받아들인다. 그렇기에 우리는 큰 저항감 없이 '가상통화', '가상화폐', '암호화폐'*라는 단어를 사용한다.

비트코인이 중요한 이유는 전 세계적으로 통용 가능한, 중앙은행의 통제에서 벗어난 '탈

> **통화와 화폐의 차이**
> 통화는 '유통화폐'의 줄임말로, 유통 수단이나 지불 수단으로 기능하는 교환 수단을 뜻한다. 통화의 범주에는 국가가 공식적으로 지정하는 돈 '법정화폐'가 속한다. 달러처럼 외국화폐가 법정화폐와 함께 통화로 쓰이는 경우도 있다. 한 국가 내에서 유통화폐는 일반적으로 하나에서 두 개다.
> 화폐는 교환경제사회에서 상품의 교환과 유통을 원활하게 하기 위한 일반적인 교환 수단 내지 유통 수단이다. 화폐의 개념에 통화가 포함된다. 화폐는 물건을 사고팔 수 있는 모든 존재를 이야기하며, 한 국가에서 수십 가지 화폐가 이용될 수 있다. 싸이월드 도토리 역시 일종의 화폐다.

중앙 집권적'인 화폐이기 때문이다. 즉 비트코인, 이더리움과 같은 블록체인 기술을 이용한 코인들은 '지급 결제의 목적'을 가지고 태어났다.

───── **'화폐'라는 정체 뒤로 숨어버린 투기 성향**

"사셨어요?" "언제 얼마에 사셨어요?" "엄청나게 올랐던데, 나도 사야 할까 봐요?" "축하해요."

필자가 강연자로 나선 4차 산업혁명 강의가 시작되기 전에 맨 앞 열에 앉아 있던 청중들이 나누던 대화다. 전후 사정을 고려하지 않고 들어보면, 청중들은 변동성 높은 금융자산 가격이 급등하자 투자를 고려하고 있는 듯하다. 그날 강의 주제는 '비트코인'이었다. 그들이 나눈 대화에서 생략된 주어, 즉 변동성 높은 금융 자

블록체인 기술을 이용한 코인들은
'지급 결제의 목적'을 가지고 태어났다.

산의 정체는 다름 아닌 비트코인이었을 것이다. 만약 가상화폐가 그 태생에 충실하게 진정한 화폐로 쓰이고 있다면 위 대화에서 우리는 위화감을 느껴야 한다.

　우리가 사용하는 한국은행이 발행한 원화의 가치는 무엇일까? 1000원의 가치는 약 0.9달러의 가치와 동등하다. 그러나 이러한 동등한 가치가 원화를 화폐로 이용하는 사람들에게는 큰 의미가 없다. 오히려 그들은 1000원으로 무엇을 살 수 있는지에 더 관심이 있다.

　만약 1000원의 가치가 10% 올라 0.99달러가 된다고 해도, 원화를 화폐로 이용하는 이용자들의 원화에 대한 투자가 급등하지

비트코인의 오프라인 사용처를 알려주는 코인맵. 서울에는 69곳의 비트코인 사용처가 있다고 나온다(사용처가 많을수록 붉게 표시된다). 현재 가상화폐는 쓰기 위해 사기보다 대부분 시세차익을 노리고 보유한다.

는 않는다. 왜냐하면, 이미 이용자의 자산 대부분이 원화로 이루어져 있기 때문이다. 물론 외환트레이더나 운용 인력처럼 화폐에 투자하는 개인 및 기관도 존재한다. 하지만 이들은 화폐를 '교환수단(medium of exchange)'이 아닌 투자 상품으로 보기 때문에 엄밀한 의미에서 원화 이용자라고 보기는 힘들다.

화폐는 가치 척도의 수단, 가치 저장의 수단, 교환의 매개 기능을 갖춰야 한다. 가상화폐는 이 기능들을 제한적으로 만족시킨다. 가상화폐는 물물교환 매개체로 쓸 수는 있지만, 가격이 실시간으로 변한다. 가상화폐를 매개체로 원화 거래를 하는 셈인데, 가상화폐를 화폐로 사용하기 위해서는 원화가 아닌 가상화폐 가격을 기준으로 거래할 수 있어야 한다.

현재는 가상화폐를 쓰기 위해 사기보다 대부분 시세차익을 노리고 보유한다. 가상화폐 이용자들은 '화폐'를 이용하는 것이 아니라, '자산'에 투자하는 것이다. 그러므로 가상화폐를 화폐로 인식하는 주장은 가상화폐를 구매하는 '투자 행위'에 화폐를 소유한다는 '경제 활동'의 프레임을 덧대어, 투자 행위에 관련된 투기 성향을 은폐할 수 있다는 측면에서 긍정적이지만은 않다.

—— **기대 수익뿐 아니라 투자 위험도 고려**

사실 누군가는 블록체인 기술을 기반으로 태어난 코인을 '화폐'로 이용하건 '투자 자산'으로 이용하건 무엇이 문제인가라고 반문한다. 이에 필자는 가상화폐의 사용 방식은 크게 잠재적 규제 방안과 가상화폐 구매에 대한 인식 두 가지 측면에서 중요하다고 말하고 싶다.

첫째, 영리 목적의 투자가 이뤄지고 자본 이득이 발생하면 세금이 부과되어야 한다. 소득 있는 곳에 세금이 있는 것이다. 투자 목적이 아닌 다른 목적으로 소유하고 있는 화폐의 가치가 (원화 기준으로) 상승했다고 세금을 부과하지는 않는다. 가상화폐를 화폐, 금이나 부동산과 같은 실물자산, 혹은 증권과 같은 금융자산 가운데 무엇으로 볼지에 따라 규제 방향이 달라진다. 가상화폐의 성격을 정의하는 일은 정책 관점에서도 중요하다.

둘째, 혹자는 가상화폐를 구매하는 이유로 '4차 산업혁명 시대에 뒤처지지 않기 위해', '미래에 도래할 전자화폐 시대를 준비하기 위해' 등을 이야기한다. 만일 정말로 미래를 대비하기 위해 가상화폐를 구매하는 것이라면 미래 시대가 도래한 후 구매해도 늦지 않다.

현재 가상화폐를 구매하는 것이 좋다 나쁘다의 가치 판단을 하려는 것은 아니다. 다만 '투자'라는 구매 목적을 인지하고 인정하는 것은 투자자의 개인적 수준에서, 그리고 경제라는 거시적 측면에서도 매우 중요하다.

가상화폐를 투자로 생각한다면 자연스럽게 투자자들은 투자에 대한 위험을 고려할 것이다. 실제로는 투자를 하면서 그 행위를 투자가 아닌 '미래 사회에 대한 준비'처럼 포장하는 행위는 지양

가상화폐를 구매할 때 이를 투자로 생각하고
기대 수익뿐 아니라 위험 구조도 고려해야 한다.

해야 한다.

다시 말해 비트코인이나 이더리움과 같은 블록체인 기술을 이용하는 가상화폐는 전 세계적으로 통용될 수 있는 전자화폐로 만들어졌으나, 현재 이용자들의 패턴을 분석해 보았을 때 화폐보다는 투자 자산의 성격이 더 짙어졌다. 그러므로 투자자들은 가상화폐를 구매할 때 이를 투자로 생각하고 기대 수익뿐 아니라 위험 구조 또한 고려해야 한다.

홍기훈 홍익대학교 경영학부 교수

담는 그릇에 따라
변하는 물

'불'을 물질로 규정하던 시절이 있었다. 고대 그리스인은 흙, 불, 공기, 물이 세상을 구성하는 네 가지 기본 물질(4원소)이라고 생각했다. 18세기의 프랑스 화학자 라부아지에(Antoine Laurent de Lavoisier)의 시대에 이르러서야 불이 '연소'라는 일종의 '분자 활동'이라는 것을 깨닫기 시작했다. 인류는 2000년 간 불을 물질로 보아야 한다는 신념을 확인하기 위해서 엉뚱한 이론들을 생산해 냈다. 플라톤(Plato)은 4원소의 내적 구조로 한 걸음 더 나아가 기하학적 형식으로 그것들을 정의했다. 아직도 불은 우리 언어에서 동사가 아닌 명사로 남아있다.

　'가상화폐'란 무엇일까? 대한민국뿐 아니라 전 세계적으로 가상화폐 열풍이 불고 있다. 하지만 한탕주의와 맞물려 가상화폐가

고대 그리스 철학자 엠페도클레스
(Empedocles)는 세상 만물이 흙,
공기, 물, 불 네 가지 원소의 사랑
과 다툼 속에서 생겨났다고 주장했
다. 이른바 '4원소설'이다.

Empedocle's.

갖는 의미는 투자 자산으로서의 상품성에만 집중되어왔다. 아직
가상화폐라는 새로운 개념을 이해할 만큼 사회적 분위기가 성숙
하지 못하여, 그 개념에 대한 논란이 분분하다.

가상화폐의 개념을 섣불리 규정하여 먼 길을 돌아가는 일이 없
도록 가상화폐의 법적 성격 규정에 뒤따르는 논란을 살펴보고, 이
러한 사회적 현상에 어떻게 대처할지에 대하여 생각해보자.

가상화폐는 가치 교환의 수단이라는 측면에서 '화폐'로, 법정화폐로 구매하는 재화인 '상품'으로, 때로는 일정한 이익이나 서비스를 담보하는 '증권'으로 해석되기도 한다.

먼저 가상화폐를 문언 그대로 '화폐'라고 이해한다면, 고도의 금융 규제를 예상할 수 있다. 예를 들어 가상화폐가 널리 유통되면 국책은행 등의 법정화폐 발행권이 침해될 우려가 있으므로, 당장 가상화폐 발행부터 규제될 수 있다. 가상화폐 거래소 등 가상화폐를 취급하는 영업을 하는 사람에게는 금융기관에 적용되는 고도의 보안 조치가 요구될 것이다. 또한 가상화폐의 해외 전송 등이 제한될 수 있다. 다만, 가상화폐 거래에 대한 세금 부과에서는 자유로울 수 있다.

가상화폐를 '상품'으로 취급하는 경우에는 재화의 생성 및 유통에 따른 세금은 부과될 것이나, 법정화폐 발행에 따른 금융 규제는 적용되지 않을 것이다. 한편, '금융 상품'이나 '증권'으로 보는 경우에는 「자본시

가상화폐의 성격을 규명하는 일은 규율 방법, 과세 여부, 산업의 활성화, 기존 금융권과 이해관계 등에도 밀접하게 연관되어 있어 매우 어려울 수밖에 없다.

가상화폐를 자산으로 인정해 거래 시 양도소득세를 적용한다는 내용이 담긴 '트럼프 세제 개혁안'아 발표되자 비트코인, 이더리움, 비트코인캐시 등 주요 가상화폐 가격이 일제히 폭락했다.

장법」상 여타 투자 자산이 받는 것과 동일한 강도 높은 규제를 받게 될 것이다.

　가상화폐의 성격을 규명하는 일은 이처럼 가상화폐에 대한 규율 방법, 과세(부가가치세와 양도소득세, 소득세 및 법인세) 여부뿐 아니라 가상화폐 산업의 활성화, 기존 금융권과 이해관계 등에도 밀접하게 연관되어 있다.

　법무부가 거래소 전면 폐쇄 법안을 내놓겠다는 발표를 한 직후 가상화폐의 시세가 폭락한 바 있다. 미국에서도 가상화폐 거래 시 양도소득세를 부과한다는 '트럼프 세제 개혁안(Tax cuts & jobs ACT)'이 통과된 직후 같은 현상이 나타났다. 즉, 가상화폐의 성격을 규정하는 것은 매우 어려운 일이 될 수밖에 없다.

다만 현시점에서 그 성격을 섣불리 규정하는 것이 과연 필요한지는 의문이다. 우리는 '화폐'를 기념주화로 보아 '상품'으로 구매하거나, 투자 대상으로 삼아 환차익을 추구하기도 한다. 때로는 '상품'도 물물거래 등 교환 수단으로 기능하거나 '금괴'와 같이 가치 저장이나 가치 척도의 수단으로 쓰이기도 한다.

즉, 가상화폐는 대상 자체에 대한 관찰로 그 성격이 절대적·보편적으로 규정되는 물리적 대상과는 거리가 멀다. 오히려 사회적 합의가 어떠한 성격에 중점을 두고 형성되었는지를 통해 상대적으로 결정되어야 하는 사회적 대상에 가깝다고 할 수 있다.

세계 상황을 보면 더욱 그러하다. 일찍이 미국 연방대법원에서는 비트코인을 화폐로 보는 취지의 판결을 하기도 하였으나, 미국 대다수 주(州)에서는 가상화폐를 상품으로 보아 과세의 대상으로 보고 있다. 한편, 일본에서는 「자금결제법」 개정을 통해 가상화폐를 재화로 보는 기존 태도를 전환하여 화폐로 보기 시작했다. 아울러 유럽에서는 증권으로, 독일에서는 금융 상품의 일종으로 본다.

이처럼 각국에서는 가상화폐를 보는 입장에 따라 그 규제가 다양한 방식으로 나타난다. 상품과 유사한 성질을 갖지만 부가가치세를 면제해주는 특수한 것 또는 유사 화폐에 해당하나 세금 부과의 대상이 되는 것 등으로 가상화폐를 특정한 개념에 국한하지 않는 태도를 보인다.

따라서 가상화폐의 성질 규명에 대한 논란에 집중하는 것은 오히려 가상화폐의 성질 자체를 파악하지 못한 것으로 생각되기도 한다. 가상화폐의 법적 성질을 섣불리 어느 하나의 카테고리에 규정하려다 우를 범할 수 있다.

가상화폐에 대한 세금 부과 논란이 일면서 가상화폐의 성격을 속히 규명해야 한다는 의견이 나오기도 했다. 하지만 이러한 규제는 현실적 필요와 각 기관의 입장에 따라 적용해 가는 것이 바람직하다고 본다. 화폐인지, 재화인지에 대한 논란에만 집중하는 것은 오히려 '불'을 원소로 규정한 2000년 전의 플라톤과 같이 엉뚱한 규제를 양산하게 하는 것은 아닐까 생각한다.

엄윤령 법무법인 충정 기술정보통신팀 변호사

거품 속에 숨겨진
성장 씨앗

―――― **일상에 스며들고 있는 블록체인 기술**

비트코인을 둘러싼 논란이 계속되고 있다. 가상화폐의 가격 급등을 잡겠다는 입장과 블록체인 기술 발전을 위해 규제를 완화해야 한다는 입장이 팽팽하게 맞서고 있다. '가상통화 투자에 대해 타당하지 않은 규제를 해서는 안 된다'는 내용으로 올라온 청와대 청원에 28만 8295명(2018년 1월 27일 기준)이 참여하면서 높은 관심을 보였다. 거래소 폐쇄까지도 시사했던 당국은 블록체인 산업 발전을 위해 폐쇄 조치는 없을 것이라며 한발 물러섰다.

비트코인은 2009년 나카모토 사토시가 개발한 가상화폐다. 가상화폐란 화폐의 발행 및 거래 승인 과정에서 암호화 기술을 사용하는 화폐 시스템을 말한다. 기존의 시스템과 비교하면, 현재 상거래에서 통화가 사용될 때는 반드시 금융기관이 필요하다. 하지만 가상화폐는 이런 과정이 필요 없다. 중앙기관 혹은 중앙은행의 개입을 배제하기 위해 클라이언트 서버 모델 대신 P2P(Peer to Peer : 개인 간 거래) 네트워크 기술을 이용해 거래 기록 및 거래의 최종 승인 등을 암호화하고 네트워크 참가자들이 공동으로 보고한다.

　따라서 비트코인으로 대표되는 가상화폐를 통해 거래할 경우, 블록체인이라 불리는 공개된 장부(public ledger)에 기록된다. 이를 공개키(public key) 방식으로 암호화하여 저장함으로써 보안과 익명성을 보장한다. 중앙기관인 금융기관이 거래 내역을 기록하지도, 보관하지도 않지만 P2P 기술을 이용해 네트워크 참가자들이

현재의 화폐 시스템에서는 해외로 송금할 때 실시간으로 송금되지 않는다. 거래 역시 마찬가지다. 비트코인으로 대표되는 가상화폐를 사용할 경우 이런 문제를 해소할 수 있다.

공동으로 거래를 기록하고 최종 승인한다.

그리고 송금과 거래가 빠르다. 현재의 화폐 시스템에서는 해외로 송금할 때 실시간으로 송금되지 않는다. 거래 역시 마찬가지다. 비트코인으로 대표되는 가상화폐를 사용할 경우 이런 문제를 해소할 수 있다. 물론 사용자가 늘고 거래가 증가하면서 최근에는 송금과 결제에 다소 시간이 걸리는 문제도 발생하고 있다. 또한 단순화폐 기능으로 만들다 보니 현재의 신용카드와 비교해 큰 장점이 없다는 지적도 있다. 이런 점을 보완하기 위해 가상화폐는 2세대, 3세대 가상화폐로 진화하며 점차 우리 실생활에 침투하고 있다.

———　　　**세상을 바꿀 기술과 자금은 이미 준비됐다!**

물론 가상화폐의 가격이 지나치게 급등하기도 했고, 아직 초창기다 보니 규제의 사각지대에 놓인 거래소를 비롯해 많은 문제점을 노출하고 있는 것이 사실이다. 따라서 적절한 규제가 필요하다. 과열된 열풍은 자칫 블록체인 산업의 본질을 흐릴 우려가 있기 때문이다. 또한 가상화폐 시장을 규제하고 블록체인 기술에만 지원해도, 블록체인이 가진 잠재력을 생각해보면 그 발전 가능성은 충분해 보인다.

그러나 지나친 규제는 자칫 산업 발전을 저해할 수도 있고, 발전 속도를 늦출 수도 있다. 정부의 가상화폐 규제가 걸림돌로 작용하는 대표적인 분야가 기업의 자금 조달이다.

기업 입장에서 가상화폐는 새로운 자금 조달 방안이다. ICO를 통해 기업은 가상화폐를 발행하고 개인 투자자들로부터 자금을 모을 수 있다. 기업 입장에서는 공시 규제가 많고 처리가 복잡한 주식시장이 아닌 가상화폐 시장을 거치면 손쉽게 자금을 모을 수 있다. 특히 블록체인 기반 기술을 활용하려는 스타트업 기업이나 벤처 회사들이 자금을 조달하는 통로로 ICO를 택하는 경우가 늘어나고 있다. 실리콘밸리에서는 가상화폐를 통한 벤처기업 자금 조달이 이미 제도적으로 자리를 잡고 있다. 그러나 국내에서는 아직 ICO가 불법이다.

1990년대 후반~2000년대 초반의 닷컴 버블을 떠올려보자.

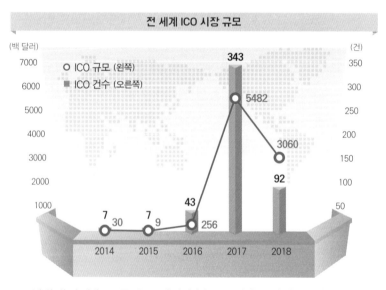

2017년 한 해 전 세계 ICO 규모는 55억 달러였다. 2018년에는 2월 기준 30억 달러로, 불과 두 달여 만에 2017년의 절반 수준을 뛰어넘었다.   자료 : coindesk

1996년 빌 클린턴 당시 미국 대통령이 「통신법」 전면 개정안에 서명하는 모습이다. 미국은 「통신법」 전면개정으로 선제적 시장 경쟁 환경이 조성됐다.

1996년 미국 정부가 「통신법(Telecommunication Act of 1996)」을 발효함으로써 그간 유지되어오던 규제와 시장 구조가 크게 변했다. 당시 빌 클린턴(Bill Clinton) 대통령이 「통신법」에 서명한 이후 미국에서는 통신, 정보, 미디어 산업 간 진입 장벽이 허물어졌다. 전면 개정된 「통신법」이 선제적 시장 경쟁 환경을 조성하자, 주요 사업자들은 경쟁력 강화를 위해 경영 효율화와 M&A 등을 추진했다. 닷컴 버블이 태동하는 데는 이와 같은 정책적인 뒷받침이 큰 역할을 했다.

그리고 IT(정보기술) 분야로 몰려든 풍부한 자금은 타오르는 불에 기름을 부었다. 1990년대 초반 불황을 겪으면서 미국 기업들의 현금 보유액은 매우 증가했고, 이런 현상은 1995년까지 이어졌다. 미국 유수의 기업들은 'IT'라는 촉망받는 투자처가 생긴 1995년 이후부터는 현금을 보유하기보다 투자에 집중했다. 당시 벤처캐피털 자금 역시 증가하며 나스닥의 상승에 기여했다.

현재도 당시 상황과 유사하다. 뱅크오브아메리카(BOA)에 따르면 현재 펀드매니저들의 현금 보유 비중은 과거 유로존 위기나 2011년 미국 부채 한도 위기 때보다 높은 5.8% 수준이다. 기업이 보유하고 있는 현금 보유량도 풍부하다. 미국 기업 전체로는 약 2조 달러 이상의 현금을 확보하고 있다. 사상 최대 수준이다. 벤처캐피털에 유입되는 자금도 증가하고 있다.

닷컴 버블 이후 벤처캐피털 자금은 급감했지만, 몇 년 전부터 스타트업 투자 붐이 일면서 2014년 이후 분기별 벤처캐피털의 투자금은 꾸준히 100억 달러 이상을 기록하고 있다. 게다가 현재는 블록체인 기술이 산업 전방위에 걸쳐 활용될 가능성이 높아지면서 투자자들이 높은 관심을 보이고 있다.

정부는 가상화폐에 대한 입장을 규제 대상에서 블록체인 기술을 발전시킬 수 있는 계기라는 자세로 바꿔야 한다. 발전된 블록체인 기술을 가진 가상화폐가 자유롭게 등장해 자본을 모을 수 있도록 제도화해야 국민 경제에 도움이 된다. 가상화폐 투자자들이 신뢰할 수 있는 ICO 제도를 만들고 코인에 대한 검증 제도도 구축해야 한다. 검증 제도를 만들 때는 기술 기준이나 표준이 새로운 기술 발전을 가로막지 않도록 개방적인 자세를 가져야 할 것이다.

세상을 바꿀 기술, 풍부한 자금은 이미 준비됐다. 정부는 가상화폐의 과열을 막고 건전한 시장을 형성하기 위해 규제하는 한편, 동시에 블록체인 산업을 육성하겠다는 의지를 밝혔다. 정부 정책이 성과를 내려면 ICO 합법화 등 가상화폐와 블록체인에 대한 현실적인 육성 정책이 필요하다.

그런 점에서 미국과 일본의 대응은 다시 한 번 생각해볼 만하다. 미국은 비트코인을 시카고 상품거래소에 상장하고, 가상화폐에 대한 신용평가사의 신용 등급을 제공할 예정이다. 일본은 금융그룹이 직접 가상화폐 거래소 개설을 시사했다.

어쨌든 우리나라는 전 세계에서 주목하는 가상화폐 시장이 됐다. 제2의 비트코인, 제3의 비트코인이 아닌 우리나라가 세계를 선도할 천재일우의 기회를 놓치지 않았으면 한다.

한대훈 체인파트너스 리서치센터장

CHAPTER 6 . . . . . .

Chapter6

미래를 그려낼 기술, 블록체인

가상화폐의 뼈대,
블록체인

────── **비트코인과 블록체인, 불가분의 관계**

비트코인이 촉발한 가상화폐 열풍에 온 나라가 들썩이면서 기반 기술인 '블록체인(Blockchain)'이 새삼 주목을 받고 있다. 분산식 장부를 의미하는 블록체인은 말 그대로 재화나 서비스 거래가 이뤄진 내용을 기록하는 장부를 여러 참여자가 분산해 확인하도록 하는 기술을 말한다.

블록체인은 비트코인과 같은 가상화폐 말고도 통신 기술을 접목해 화재 발화 지점을 감식하거나 보험사가 보험금을 청구하는 시스템에 활용되고 있다. 의료기관이 환자의 의료 정보를 공유한다거나 유권자가 투표소에 직접 가지 않고 전자 방식으로 투표에 참여할 때에도 접목되고 있다. 활용 범위가 전방위적이다.

4차 산업혁명을 구현하는 중요 기술 중 하나로 꼽히는 블록체

블록체인은 재화나 서비스 거래가 이뤄진 내용을 기록하는 장부를 여러 참여자가 분산해 확인하도록 하는 기술이다.
비트코인은 블록체인 기술을 뼈대로 만들어져 둘 사이를 떼어 놓고 보기 어렵다.

인이 무엇인지, 어떻게 작동하고 활용하는지, 국내외 도입 현황은
어떤지 살펴보자.

　비트코인(Bitcoin)은 블록체인 기술을 적용한 첫 번째 사례다.
나카모토 사토시라는 가명을 쓰는 프로그래머가 개발한 것으로
알려졌다. 그는 2008년 11월에 「비트코인 : 개인 간 전자화폐 시
스템」이라는 한 편의 논문을 발표하고, 이듬해 1월 비트코인의 첫
번째 블록인 '제네시스 블록'을 만들었다.

　비트코인은 글로벌 금융위기(2008년) 이후에 중앙화된 금융 시
스템에 대한 대안으로 나온 인터넷 가상화폐다. 은행이나 금융기
관 같은 기존 금융 시스템을 통한 가치 교환 방식이 아닌 수많은

이용자와 사용자 사이의 검증 과정을 통해 위변조할 수 없는 분산화한 거래 시스템이라 할 수 있다.

비트코인은 블록체인 기술을 뼈대로 만들어져 둘 사이를 떼어놓고 보기 어렵다. 최근 법무부는 가상화폐 거래소를 폐지한다는 강경 방침을 밝혀 논란을 일으킨 바 있으며, 이에 대해 블록체인 산업 진흥 주무부처인 과학기술정보통신부는 가상화폐와 블록체인은 별개로 놓고 봐야 한다는 입장이다.

즉 가상화폐 거래소를 규제한다 해서 블록체인 기술 개발이나 응용 분야까지 막는다는 것은 아니라는 이야기다. 다만 가상화폐 거래소의 해킹 위험 노출이나 취약한 개인 정보 관리 등 최근 현안에 대해서는 지속적인 점검과 위법 사항 대응으로 나서겠다는 방침이다.

───── **4차 산업혁명을 구현하는 핵심 기술, 블록체인**

블록체인은 10분마다 거래 내역이 담긴 블록이 새롭게 생성되고 이 블록을 이전 블록들에 연결한다. 그 모습이 마치 사슬(chain)과 비슷해 블록체인이라는 이름이 붙여졌다.

블록체인은 동일한 장부를 여러 군데에 저장하고 공동으로 갱신하는 방식으로 위변조를 방지한다. 2009년부터 2018년까지 비트코인의 모든 거래 내역이 담긴 블록체인의 데이터 크기는 약 140기가바이트(GB) 수준이다.

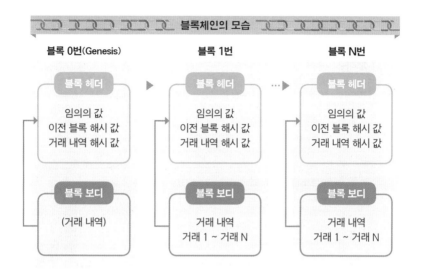

블록체인의 모습

블록 0번(Genesis)   **블록 1번**   **블록 N번**

블록 헤더 ▶ 블록 헤더 ···▶ 블록 헤더

임의의 값
이전 블록 해시 값
거래 내역 해시 값

임의의 값
이전 블록 해시 값
거래 내역 해시 값

임의의 값
이전 블록 해시 값
거래 내역 해시 값

블록 보디   블록 보디   블록 보디

(거래 내역)

거래 내역
거래 1 ~ 거래 N

거래 내역
거래 1 ~ 거래 N

특정 조건을 만족하는 블록을 만들기 위해 1만 개 이상의 서버들이 경쟁하고 있다. 맨 처음 블록을 만드는 데 성공한 서버는 보상으로 새롭게 생성하는 비트코인을 취득할 수 있다. 이를 '채굴한다'고 표현한다.

블록체인은 참여자들이 공동으로 데이터를 검증하고 보관하는 방식으로 공인된 제3자 없이 데이터의 신뢰성을 확보할 수 있는 새로운 기술로 떠오르고 있다.

블록체인 기술은 위변조 방지와 보안성이 장점으로 꼽히고 있다. 그러나 아직 처리 속도가 느리고, 잘못된 기록을 되돌리기 어려우며, 동일한 데이터 복사본을 모든 참여자가 관리해야 하는 것이 단점으로 지적된다.

블록체인이 발전하면 계좌 이체나 해외 송금 등 금융을 비롯한

비트코인 피해 사례

 해외

거래소 횡령(2014년 2월)
세계 최대 비트코인 거래소였던 일본 마운트곡스가 85만(약 4600억 원) 비트코인을 잃고 파산했다.

거래소 해킹(2016년 8월)
홍콩 비트파이넥스가 해킹으로 공격당해 이용자와 운영진의 12만 비트코인(약 725억 원)이 도난당했다.

비트코인 채굴 업체 해킹(2017년 12월)
슬로베니아 채굴 업체 나이스해시가 해킹당해 전자지갑 속에 들어 있던 약 4700개의 비트코인(약 650억 원)이 탈취됐다.

국내

거래소 해킹(2017년 4월)
가상화폐 거래소 야피존(현 유빗)이 해킹으로 3831비트코인(약 55억 원)을 도난당했다.

랜섬웨어 협상 수단(2017년 6월)
웹 호스팅 업체 인터넷나야나가 공격받아 사이트 3400개가 작동이 중단됐다. 해커에게 13억 원 상당의 비트코인을 지불하고 데이터를 복구했다.

거래소 개인 정보 유출(2017년 6월)
가상화폐 거래소 빗썸의 고객 3만 1000명의 이메일과 휴대폰 번호 등 개인 정보가 유출됐다.

거래소 해킹(2017년 12월)
가상화폐 거래소 유빗(옛 야피존)이 2017년 4월과 12월 두 차례 해킹을 당해 2017년 12월 19일부로 거래를 중단하고 파산 절차를 받겠다고 밝혔다. 유빗의 가상화폐 손실액은 전체 자산의 17%(약 170억 원) 가량이다.

274 ❸ Chapter 6

모든 영역의 거래 비용이 감소할 뿐만 아니라 집권화된 중앙 조직의 필요성도 없어지게 된다. 아울러 안전하고 빠른 민주적 의사결정이 가능해져 공공 조직에 대한 의존성이 줄어들게 된다. 궁극적으로 직접 민주주의를 확대할 수 있다는 기대를 받고 있다.

────────────   **이미 와 있는 미래**

블록체인 기술은 비트코인 같은 가상화폐 외 다양한 분야에 적용해 쓰이고 있다. SK텔레콤은 전기 화재 발화의 대부분을 차지하는 스파크 발생 정보를 블록체인에 보관한다. 즉 스파크가 언제 어디서 튀었는지를 조명 센서가 달린 기기를 통해 파악해 사물인터넷(IoT) 기술로 전기안전공사, 소방청, 보험사 등이 함께 참여하는 블록체인에 보관한다. 블록체인에 기록한 데이터는 위변조가 쉽지 않아 전기 화재 발화 지점과 원인 감식에 객관적 증거로 활용할 수 있기 때문이다.

교보생명은 블록체인을 실손의료보험금 자동 청구 서비스에 활용하고 있다. 현재 실손의료보험은 가입자가 진료 기록 사본과 보험금 청구서를 팩스나 우편, 인터넷, 방문 등을 통해 보험사에 제출해야 보험금을 청구할 수 있다.

하지만 청구금액이 소액이라면 다양한 서류를 준비하고 번거로운 절차를 밟아야 해 보험금 청구를 포기하는 사례가 많다. 블록체인에 가입자가 진료 기록 송부 승인 정보를 기록하면 병원과 보

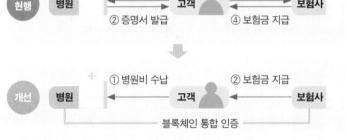

험사가 이를 공유해 진료 기록 사본 전달을 자동으로 처리할 수
있다. 가입자는 스마트폰 앱으로 보험사에 보낼 진료 기록들을 선
택해 손쉽게 보험금을 청구할 수 있다.

직접 민주주의 실현을 위한 투표에도 블록체인이 활용되고 있
다. 경기도는 2017년 '따복 공동체(따뜻하고 복된 삶터)'라는 이름
의 주민 제안 공모 사업을 진행하면서 블록체인을 통한 전자투표
를 도입했다.

경기도는 31개 시와 군에 사는 주민공동체들이 환경이나 교육,
문화복지 등 분야별로 사업을 진행할 때 필요한 예산을 전자투표
로 심사했다. 이 과정에 도입된 블록체인으로 투표 및 결과에 대
한 투명성과 객관성, 신뢰성을 높였다는 평가를 받고 있다.

블록체인은 미국과 유럽 등에서 유통과 개인 맞춤형 치료, 토지
대장 관리, 태양열 에너지 거래 등 다양하게 쓰이고 있다. 미국 월
마트는 유통 상황을 실시간으로 파악하고, 물류를 관리하는 데 블

블록체인 기술 국내 적용 사례		
기업 · 기관	적용 분야	주요 내용
경기도 따복 공동체	기부금 관리	투명하고 신뢰성 있는 기부 문화 정착에 활용
서울시	수당 관리	미취업 청년 수당 지급 과정의 투명성 보장
서울시	중고차 거래	장안평 중고자동차 매매 과정 중 거짓 정보로 인한 거래 예방
글로스퍼	지적재산권 보호	음원 시장의 불합리성을 개선하기 위해 블록체인 플랫폼 개발
직토	의료 데이터 공유	개인 헬스케어 데이터를 구축해 투명하게 제공
기업은행 등 16개 은행	인증	공동 인증 시스템을 구축해 한 번의 등록으로 여러 은행에서 인증
삼성SDS	인증	액티브X와 공인인증서를 대체하기 위한 차세대 인증 개발
KT	보안	스마트 계약 기반 통합 인증 플랫폼 개발

록체인을 활용하고 있다. 각 물품의 유통 과정을 블록체인에 등록, 실시간으로 파악해 유통망을 투명하게 관리하고 중간에 발생할 수 있는 하자에 대한 책임 소재 및 원인 규명을 명확히 하는 데 쓰고 있다.

온두라스에서는 블록체인을 토지대장 보호용으로 사용하고 있다. 중앙아메리카의 작은 섬나라 온두라스는 부패와 빈곤으로 악명이 높다. 온두라스에서는 토지대장 관리가 허술해 군벌, 토호세력, 심지어 관료까지 토지대장을 조작해 일반 농민의 토지를 빼앗거나 정부 자료를 해킹하는 일이 빈번하게 발생한다. 온두라스 정

블록체인 기술 해외 적용 사례		
기업 · 기관	적용 분야	주요 내용
미국 코닥	거래 플랫폼	사진 원작자와 소비자 간 스마트 계약을 통한 공유 플랫폼 개발
일본 도요타	공유 경제	차량 공유 플랫폼을 활용해 중개자 없이 스마트 계약
미국 월마트	식품 안전	상품의 공급, 검수, 유통 전 과정을 블록체인을 통해 관리하는 실험
유럽 에어버스	지적재산권 보호	3D프린팅 부품의 생산과 이동 과정을 관리, 설계도 유출 원천 봉쇄
독일 지멘스	에너지 거래	P2P 에너지 거래가 가능한 플랫폼 개발
미국 Uio Music	거래 플랫폼	음원 창작자-소비자 직거래 플랫폼 개발, 불법 행위 예방
중국 항저우	공공	시설 자동화, 출생 및 사망 증명서 발급 등 사회 인프라에 적용할 예정

부는 해킹이 어려운 블록체인에 토지대장을 기록하고 관리함으로써 투명성과 신뢰성을 확보했다.

태양열 에너지 거래 시스템에 적용된 사례도 눈길을 끈다. 현재 호주는 에너지 발전과 송전, 배전이 주(州)가 소유한 기업에 의해 수직 통합된 독점체제로 운영되고 있어 전기 요금이 비싸다. 호주는 블록체인 기반의 에너지 직거래 네트워크를 만들어 전기 요금을 낮췄다.

10억 명 이상이 사용하는 모바일 메신저 위챗을 보유하고 있는 중국 인터넷 기업 텐센트는 실종 아동 찾기에 블록체인 기술을 접목한 서비스를 내놨다. 아이가 실종돼 신고하면 신상 정보 등이

블록체인은 국경이 사라지고 모든 사람과 사물이 연결되는 초연결사회로 진입하는 것을 의미한다.

실시간으로 공유되고, 아이 사진은 메신저 사진 데이터베이스와 대조가 이뤄진다. 또 시간이 지나도 얼굴이 어떻게 변하는지 추적해 실종 아동을 가족의 품으로 돌아갈 수 있도록 한다.

블록체인은 국경이 사라지고 모든 사람과 사물이 연결되는 초연결사회(hyper-connected society)로 진입하는 것을 의미한다. 초연결사회란 정보기술이 일상생활 깊숙이 들어오면서 사람과 사람, 사람과 사물, 사물과 사물이 거미줄처럼 연결된 세상을 의미한다. "블록체인은 이제 막연한 미래의 기술이 아닌, 지금 우리 눈앞에 현실로 다가온 기술이다." IBM의 글로벌 블록체인 총책임자 필립 에네스(Philip Enness)가 한 말이다. 그의 말처럼 블록체인이 만들 미래는 이미 도래했는지 모른다.

미완의 대안,
분산장부 기술

———

위조·변조·침입에서 자유로운
최첨단 기록 방식

가상화폐를 이해하려면 먼저 분산장부(원장) 기술(distributed ledger technology)을 알아야 한다. 분산장부 기술은 수많은 사적인 거래 정보를 개별적인 데이터 블록(block)으로 만들고 이를 차례차례 연결하는 기술을 말한다. 다른 말로 블록체인 기술(blockchain technology)이다. 여기서 블록은 데이터를 가리킨다. 결국 블록체인은 유효성이 검증된 데이터의 연결이다.

블록체인은 데이터를 보관하고 처리하는 구조가

분산장부 기술은 수많은 사적인 거래 정보를 개별적인 데이터 블록으로 만들고 이를 차례차례 연결하는 기술이다. 블록체인은 유효성이 검증된 데이터의 연결이다.

블록의 연결로 이루어져 있는 것이고, 분산 데이터베이스의 한 형태다. 분산장부 기술은 위조, 변조, 침입이 불가능한 최첨단 기록 방식이다. 분산장부 기술을 이용한 새로운 분산형 시스템은 중앙 집중형 시스템과는 구별되는데 특징을 그림으로 그려보면 다음과 같다.

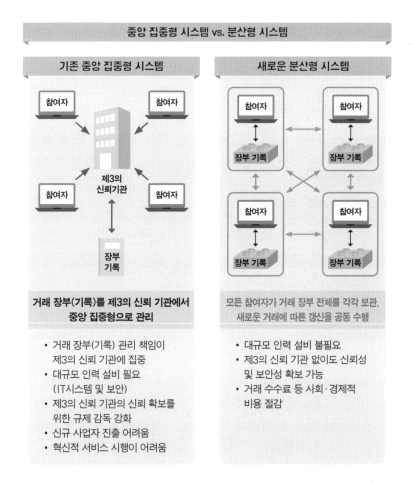

중앙 집중형 시스템 vs. 분산형 시스템

기존 중앙 집중형 시스템

참여자

참여자

제3의
신뢰기관

참여자

참여자

장부
기록

거래 장부(기록)를 제3의 신뢰 기관에서 중앙 집중형으로 관리

- 거래 장부(기록) 관리 책임이 제3의 신뢰 기관에 집중
- 대규모 인력 설비 필요 (IT시스템 및 보안)
- 제3의 신뢰 기관의 신뢰 확보를 위한 규제 감독 강화
- 신규 사업자 진출 어려움
- 혁신적 서비스 시행이 어려움

새로운 분산형 시스템

참여자

장부 기록

참여자

장부 기록

참여자

장부 기록

참여자

장부 기록

모든 참여자가 거래 장부 전체를 각각 보관, 새로운 거래에 따른 갱신을 공동 수행

- 대규모 인력 설비 불필요
- 제3의 신뢰 기관 없이도 신뢰성 및 보안성 확보 가능
- 거래 수수료 등 사회·경제적 비용 절감

가상화폐는 첨단 분산장부 기술이 활용된 화폐다. 비트코인은 가상화폐의 한 형태다. 세상에는 1500여 종 이상의 다양한 가상화폐가 존재한다.

사실 세상에 맨 처음 등장한 가상화폐는 비트코인이 아니라 1990년대의 '이캐시(Ecash)'였다. '암호학의 아버지'로 불리는 데이비드 차움(David Chaum)은 세계 최초로 암호학이 적용된 익명성 있는 디지털 화폐를 만드는 프로젝트를 시작했다. 1990년 그는 디지털 화폐 회사 '디지캐시(DigiCash)'를 설립하고, 디지털화된 달러에 고유한 해시(hash)* 값을 붙여 세계 최초의 암호화폐 이캐시를 만들었다. 이캐시는 은행이 모든 거래 내역을 확인할 수 있는 신용카드와 달리, 거래 내역을 제3자가 알 수 없었다.

최초의 가상화폐였던 이캐시는 그러나 분산장부 기술을 이용하지 않고 중앙에서 집중 관리해 발행하는 치명적인 단점이 있었다. 이캐시의 대중화에 실패한 디지캐시는 1998년 파산을 선언했다.

이캐시와 달리 비트코인과 이더리움 등 다른 가상화폐들은 분산장부 기술을 토대로 하고 있다. 프로토콜(미리 약속한 규칙)에 따라 발행되는 화폐다. 따라서 비트코인 등 가상화폐들은 거래 방식도 다르다. 가상화폐들은 개인이 소프트웨어를 이용해 내려받은

해시(hash)
해시는 한 방향 계산은 쉬운데 역방향 계산은 매우 어려운 특징을 갖는 함수다. 블록체인으로 연결된 블록에는 이전 블록들의 모든 거래 정보를 담아두게 되는데, 이 때 해시라는 복호화(암호를 푸는 과정)가 불가능한 암호화 방법을 쓰게 된다. 해시는 익명성, 투명성, 신뢰성 등을 보장하는 블록체인 기술의 핵심 개념이다.

'암호학의 아버지' 데이비드 차움은 1990년 세계 최초로 암호학이 적용된 익명성 있는 가상화폐 '이캐시'를 만들었다.

전자지갑에서 다른 전자지갑으로 송금이 실행된다.

송금 신호는 전부 암호화되어 일일이 전자인증이 이루어지고, 상대방은 전자인증이 이루어진 송금 신호를 통째로 넘겨받게 된다. 그러니 여기에는 범죄자가 끼어들 여지가 없다. 비트코인 시스템의 네트워크 안전성(무단 침입 차단)은 결국 비트코인을 채굴하는 사람들의 거래에 의해 보증된다.

우선 비트코인을 채굴하려면 컴퓨터 수십 대를 동원해 복잡한 수학 및 물리 문제를 풀어야 한다. 그뿐만 아니라 비트코인은 프로토콜에서 총 발행량이 2100만 개로 한정되어 있어 채굴할 때 풀어야 하는 수학 및 물리 문제가 일반인이 풀 수 없을 정도로 어렵다. 게다가 발행량이 줄어들수록 문제의 난이도가 높아진다.

1비트코인을 채굴하는 데에도 어마어마한 시간과 컴퓨터 설비 및 전력 비용이 들며, 이 과정에서 분산장부 기술이 쓰이는 것이다. 비트코인의 모든 네트워크는 수학과 물리학 공식, 수학 이론, 물리학 이론 등으로 통제된다. 거래 수단으로 사용할 때 역시 물리학 및 수학 이론에 근거하여 결제 절차가 진행된다.

—————   분산장부 기술의 미래

분산장부 기술은 미래 어떤 분야에 사용될까? 우선 정부의 공식 기록 관리에 쓰일 것이다. 토지 등 부동산 거래, 국민연금 정보, 개인의 납세 내역, 부가가치세 거래 내역, 각종 선거에서 투표 등 기록이 상실되거나 불법으로 변조 혹은 침입되어서는 안 되는 분야에서 분산장부 기술이 널리 활용될 수 있다. 다이아몬드를 거래할 때는 이미 분산장부 기술을 사용하고 있다.

또 다른 활용 분야는 상장회사의 주주 투표다. 현재 주주총회 전자투표는 한국예탁결제원에서 운영하는 'K-evote' 시스템을 이용해 처리할 수 있다. 회사는 한국예탁결제원과 전자투표 위탁 계약을 체결해 주주들의 전자투표를 관리하도록 위탁하고, 100만~500만 원의 수수료를 부담한다.

현재 K-evote는 중앙 집중형 시스템으로 운영되고 있다. 장래 분산장부 기술을 활용한다면 엄청난 인력과 서버 구축이 필요 없어지게 된다.

분산장부 기술은 투표처럼 기록이 상실되거나 불법으로 변조 혹은 침입되어서는 안 되는 분야에서 널리 활용될 수 있다.

다른 나라에서는 대부분 아직도 글자가 이미지로 된 PDF 파일을 투표 용지로 사용하고 있다. 이 투표 용지는 전송업체 쪽에서 배포하며, 주주들의 투표 기록은 관리자나 펀드매니저 쪽으로 들어간다. 투표 기록이 회수되면 그것을 찬성, 반대, 무기명, 백지로 분류하고 수를 집계해서 회사에 통지한다. 참 수고스럽기 그지없는 절차다.

이런 절차에 드는 비용이 유럽과 미국에서는 연간 한화로 1조 원 이상이다. 물론 수작업에 따른 실수도 있기 마련이고, 그에 따른 분쟁이나 비용도 적지 않다고 한다.

여기에 분산장부 기술을 도입하면 회사와 주주는 전송업체나 집계 관리자 없이 기록을 직접 주고받을 수 있다. 분산장부 기술

에 근거한 이 기술을 쓰면 중간에 해커가 끼어들거나 반대표를 찬
성표로 바꾸는 변조가 불가능하게 된다. 투표 절차가 한 번에 끝
나므로 비용 및 시간도 대폭 절약된다.

———   **분산장부 기술이 풀어야 할 숙제,**
                  처리 속도 향상

현재의 비트코인에 적용된 분산장부 기술 수준으로는 시간당 약
2만 건의 거래밖에 처리하지 못한다. 이런 속도로는 몇 백만 명의
주주가 마감 날이 되어 일제히 투표하는 상황에 도저히 대응할 수
없다.

실제로 가상화폐 거래소에서 특정 가상화폐의 거래량이 폭증하
면, 가상화폐 대금을 지급한 사람이 자신의 전자지갑에 가상화폐
를 담는 데 몇 시간 또는 며칠이 걸리는 경우가 발생한다.

그래서 세계는 블록체인의 속도 향상을 위해 연구·개발하고 있
다. 그런 노력의 결과, 비트코인의 블록 생성(거래 처리) 속도를 네
배 빠르게 한 가상화폐 '라이트코인(LTC)' 등이 나오게 됐다. 비트
코인은 10분에 한 번씩 거래가 체결되는 탓에 결제 대기 시간이
길다. 반면 라이트코인은 2분 30초마다 거래 내역을 묶어 하나의
블록으로 만든다. 총 발행량도 8400만 개(비트코인 2100만 개)로
많다. 거래 속도와 발행량 모두 비트코인의 네 배다.

현재는 분산장부 정보를 디지털화해서 각각의 서버에 저장하고

가상화폐 라이트코인은 블록체인의
속도 향상을 위해서 연구·개발하는
과정에서 탄생했다. 라이트코인은
비트코인보다 블록 생성(거래 처리)
속도가 네 배 빠르다.

있다. 그러나 내용 변경, 해커 침입, 버그 피해, 시스템 다운의 위
험으로부터 완전히 자유로워졌다고 보기에는 아직 이른 단계다.
분산장부 기술에 선도적인 코델(codelmark.co.uk)과 같은 기업들
이 초고속 블록체인을 개발해 이런 문제를 해결하려고 노력하고
있으니 관심을 가지고 지켜볼 일이다.

신민호 관세법인 에이치앤알 대표

가상화폐 없이는
블록체인도 없다!

────── **블록체인 육성과 가상화폐 규제 양립 불가**

"블록체인은 자발적인 분산성을 위해 블록체인 장부에서 고유하게 발행된 화폐를 보상책으로 주게 된다. 이 보상 체계의 핵심적인 골간을 이루고 있는 암호화폐를 범죄시한다면 분산 시스템을 전혀 가동할 수 없다."

김진화 코빗 공동 설립자는 최근 정부의 블록체인과 가상화폐에 대한 분리 대응 방안에 대해 이같이 일침했다. 블록체인을 제대로 이해하고 있다면 블록체인 육성과 가상화폐 규제 자체가 양립할 수 없다는 입장이다.

그에게 블록체인과 가상화폐와의 관계, 업계에서 생각하는 바람직한 가상화폐 규제 및 대응 방안에 대해 들어봤다.

"블록체인에서 보상 체계의 핵심적인 골간을 이루고 있는 암호화폐를 범죄시한다면 분산 시스템을 전혀 가동할 수 없다."

Q 용어부터 헷갈린다. 가상화폐, 가상통화, 암호화폐 뭐라고 불러야 하나?

A 암호화폐는 여러 가상화폐 중에서도 2008년 10월에 발표된 분산 컴퓨터 암호학을 결합시켜서 위변조가 불가능한 블록체인 기술에 기반을 둔 P2P 전자화폐 시스템을 특정해서 부른다. 가상화폐라고 하면 항공사가 발행하는 마일리지, 개인회사가 발행하는 개인 머니, 과거 싸이월드의 도토리같이 중앙의 발행 주체가 있고 인터넷 서버 상에서 관리가 이뤄지는 화폐를 망라한다.

이렇다 보니 두바이 왕자가 만들었다는 등의 유사수신 행위적인 가상화폐까지 나와 혼동을 주고 있다. 따라서 정부에서 암호통화 등으로 통일해야 한다고 본다. 중앙은행의 중앙은행으로 불리는 국제결제은행(BIS)에서도 중앙은행들이 발행하는 블록체인 기반 통화를 '중앙은행 암호통화'라고 한다. 정확한 명칭이 중요하고, 사회적인 합의가 필요하다.

Q 암호화폐와 블록체인을 분리해서 보는 시각에 대해 어떻게 생각하는가?

A 정부에서 블록체인은 막지 않겠지만 암호화폐는 엄단하겠다고 밝혔다. 암호화폐는 범죄시하고 블록체인은 양성화하겠다고 했는데, 결론부터 말하면 두 가지는 절대 양립할 수 없다. 이를 설명하려면 블록체인이 왜 혁신적이고 보완성이 뛰어난지를 먼저 알아야 한다.

블록체인은 불특정 다수의 노드(Node ; 데이터 접속점)와 거래 검증인들이 자신의 컴퓨팅 리소스를 분산 네트워크에 제공하게 되는데 이들은 장부 하나씩을 갖게 된다.

예를 들어 삼성이나 애플이 주도해서 전 지구적으로 서버를 갖다 놓는다고 해서 블록체인이 되는 것이 아니다. 특정할 수 있기 때문이다. 그러나 랜덤하게 자발적인 참여에 의해서 컴퓨팅 리소스가 제공되고, 그런 노드들에 의해 장부가 공유될 때 해커들은 그 장부가 어디에 있는지 확인할 수 없다. 블록체인의 보완성은 바로 이런 자발성과 분산성에 기초한다.

그러나 자발적인 분산성을 이루기 위해서는 전기세와 컴퓨팅 리소스를 제공하는 자들에게 적절한 보상이 이뤄져야 한다. 그 보상 체계를 삼성이 채권을 발행해서 자금을 대면 이미 분산 체계가 아닌 중앙화다. 결국 어떤 주체가 이런 보상을 책임지지 않고 그 블록체인 상에서 발행된 네이티브 통화, 즉 블록체인 장부에서 고유하게 발행된 화폐를 보상책으로 주게 된다. 비트코인 블록체인에서는 비트코인을, 이더리움 블록체인에서는 이더리움을 주는 식이다. 그럼으로써 전혀 새로운 경제 구조를 갖게 되는 것이다. 이처럼 보상 체계의 핵심적인 골간을 이루고 있는 암호화폐를 범죄시한다면 분산 시스템을 전혀 가동할 수 없다.

Q 암호화폐가 없는 블록체인도 있지 않은가?

A 블록체인에는 공개형 블록체인과 폐쇄형 블록체인°이 있다. 기업들이 제한적으로 쓰고 있는 것은 폐쇄형 블록체인이다. 여기에는 암호화폐가 없다. 2008년 비트코인이 나온 후 9년여 간 위변조가 없었다(간간이 발생하는 해킹 사고는 블록체인이 아니라 거래소 시스템이 해킹된 것이다). 보안성과 혁신성이 검증된 셈이고 이를 보고 기업들이 자신들의 시스템으로 사용하기에 나섰다. 기업들은 암호화폐를 제거하고 노드를 구성해 폐쇄형 블록체인을 만들었다. 폐쇄형 블록체인은 회사를 위한 인트라넷이나 결제 시스템에 불과하다.

공개형 블록체인을 하지 말라는 것은 인터넷 시대에 구글이나 네이버를 하지 말고 회사형 시스템을 만

> **폐쇄형 블록체인(privet blockchain)**
> 블록체인은 가상화폐처럼 누구나 참여할 수 있는 공공 블록체인(public blockchain)과 허가를 받은 이들만 참가하는 폐쇄형 블록체인으로 크게 나뉜다. 프라이빗 블록체인은 다시 하이퍼레저(Hyperledger)와 이더리움 기반의 컨소시엄(EEA) 두 가지 생태계를 중심으로 표준화될 것이라는 전망이 나왔다.
> 하이퍼레저는 리눅스 재단이 주도하고 있으며 IBM이 주요 기술을 제공하는 생태계다. 현재 170개 이상의 회원사가 참여하고 있다. 오픈 소스 기반이라 개인과 기업이 자유롭게 가입해 개발에 참여할 수 있다. 국내 기업으로는 삼성SDS, 한국예탁결제원 등이 참여했다.
> 이더리움 기반의 블록체인 컨소시엄(EEA)은 가상화폐 코인으로 알려진 이더리움의 표준을 정의하기 위한 비영리 산업 조직이다. 회원사는 150개가량이다. 국내 기업으로는 삼성SDS와 SK텔레콤이 참여했다.

들자는 것과 다름없다. 공개형 블록체인을 성장의 틀로 삼기 위해서 암호화폐를 불법화하고 막는 것은 언어도단(言語道斷)이다. 시장에 정착하는 과정에서 문제가 발견됐다면 문제를 풀 생각을 해야지 시장 자체를 막아버리는 것은 결코 현명하지 않다.

────── 가상화폐라는 신기루 vs. 가상화폐라는 오아시스

Q 정책 당국은 암호화폐를 '돌덩어리'라고 표현했다.

A 암호화폐의 분산성, 보안성, 혁신성을 보고 투자하는 사람을 허탈하게 만드는 부분이다. 돌덩어리는 물리적 실체를 갖지만 토건용 자재 정도로 쓰이고 드물게 미적인 가치로 수석처럼 수집용

블록체인상의 거래 데이터는 한 번 생성되면 영구적으로 남는다.

대상이 된다. 암호화폐는 지구상에 분산된 위치를 특정할 수 없는 클라우드 장부상에 기재된 비가역적인 권리 관계다. 한 번 기재되면 위변조되기 어려운 비가역적인 데이터의 가치를 뒷받침하는 시스템은 돌덩어리에 없다.

그런 암호화폐의 가치를 '제로(0)'라고 예단하거나 단정지어서는 안 된다. 데이터적인 가치, 네트워크적인 가치를 모두 무시한다면 데이터 산업이나 빅데이터가 앞으로 정보통신과 4차 산업혁명 시대에 '쌀'과 같은 존재가 될 것이라는 얘기가 허망한 말이 된다. 중개 기관을 믿을 필요 없이 인류 최초로 P2P로 데이터를 만들 수 있는 시스템의 가치가 충분히 고려되어야 한다.

Q 암호화폐가 가상 증표에 불과하다는 비판도 있다.

A 암호화폐는 거래 내역에 대한 데이터적이고 네트워크적인 가치를 지니고 있다. 암호화폐를 가진다는 것은 노트북에서 이를 갖는 것이 아니다. 클라우드 장부상에 돈에 대한 등기부등본처럼 기재되고 그것을 사용할 수 있는 소유권을 가지는 것이다.

따라서 암호화폐를 '가상 증표'라고 부르는 것은 무리가 있다. 실제 가상 증표는 우리가 쓰고 있는 돈이라고 본다. 돈의 실물 증표는 한국은행이 발행한 지폐다. 하지만 통장에 월급이 들어왔다 곧바로 카드값으로 나가듯, 돈은 종이에 찍히는 숫자에 불과할 수 있다.

블록체인상의 거래 데이터는 한 번 생성되면 영구적으로 남는다. 예를 들어 싸이월드 도토리 같은 것은 만드는 회사가 사라지

면 도토리도 무화(無化)가 된다. 반면 블록체인상에 기재된 데이터
는 어떤 회사가 도산해도 무화가 되지 않는다. 이것이 분산 시스
템의 우월성이다. 암호화폐를 가상 증표로 규정한다는 것은 기술
적인 이해가 결여됐다고 볼 수 있다.

————————   가상화폐 시장의 갈라파고스

Q 암호화폐 개발은 누구나 가능한가?

A 알다시피 비트코인은 오픈소스이기 때문에 누구나 암호화폐
를 개발할 수 있다. 소스 코드가 공개된 이후 누구나 저비용으로

한국은 경직된 외환 정책과 규제를 단기적으로 남발하며 가상화폐 시장에서 갈라파고스처럼
고립되고 있다.

비슷한 것을 만들 수 있고, 1500여 개의 암호화폐가 난립하고 있다. 하지만 이들 화폐가 모두 가치를 지니는 것은 아니다. 암호화폐를 개발해 끝나는 것이 아니라 분산성을 이루게 된 물리적인 인프라의 컴퓨팅 파워와 전기세를 제공하는 자발적 참여자들인 채굴자와 노드들이 따라붙어줘야 하기 때문이다.

전 세계적으로 쓸 수 있는 전기와 컴퓨터칩은 제한돼 있다. 그래서 이더리움이 뜨자 이더리움의 그래픽처리장치(GPU)를 개발하는 엔비디아(NVIDIA) 주가가 크게 올랐다. 이를 시장도 수용하고 있다. 저비용으로 코드 자체는 무한정 만들 수 있지만, 코드를 뒷받침하는 물리적 실체인 전기와 컴퓨터칩은 마구 만들어낼 수 없는 구조다. 이를 간과하지 말아야 한다. 이런 부분에 대해 이해할 필요가 있다.

Q 김치 프리미엄을 어떻게 봐야 할까?

A 김치 프리미엄은 한국 시장에서 암호화폐 가격이 유독 높은 현상을 가리키는 용어다. 한국의 경우 전기세나 컴퓨터칩 가격이 비싸다 보니 채굴 산업이 발달하지 못했다. 나 역시 2013년 처음 가상화폐 회사를 만들 때도 채굴사업을 할 생각을 하지 못했다. 국내 암호화폐 시장은 공급이 희소해서(상대적으로 채굴이 적어서) 암호화폐에 10~20%의 프리미엄이 붙은 것이 사실이다.

모든 자산시장에서는 가격 차가 발생하면 차익을 실현할 기회로 보고 자본이 몰려들게 된다. 그리고 차익을 실현하면서 시장이 균형을 이루게 된다. 곡물시장 등 모든 자산시장이 마찬가지다.

하지만 한국에서는 이런 체계가 작동하지 않았다. 정부가 외국환 은행에서 암호화폐 구매 목적의 해외 송금 자체를 막아버렸기 때문이다.

이처럼 원화 입출금을 막은 상황에서 2017년 12월 이후부터는 외국인들이 암호화폐를 가져와 거래하는 것도 막아버렸다. 한국은 암호화폐 시장에서 일종의 갈라파고스가 됐다. 시장 원리하에서 평형 상태를 이루는 자본 흐름이 단절된 것이다.

결국 김치 프리미엄은 경직된 외환 정책과 규제를 단기적으로 남발했기 때문에 생겨났다고 본다. 이에 대한 책임을 시장에 돌리면서 대책을 강화하는 악순환에 빠지면 결국 더욱 고립될 수밖에 없다.

───────

규제는 '족쇄' 아닌 '울타리'

Q 그렇다면 암호화폐를 규제하지 말아야 할까?

A 정부 입장에서는 (가상화폐 열풍에) 놀랐을 것이다. 하지만 원칙을 가지고 접근해야 한다. 예측 가능성, 투명성, 비례성(평등성)의 원칙이다.

정부의 단기 대책이 남발되면서 시장은 예측 불가능하게 움직였다. 정부가 언제 거래를 막을지 모르니 빨리 한탕을 해야겠다는 심리가 커졌다. 2017년 9월 29일 이후 시장이 흔들린 것도 충분히 준비하지 않고 내놓은 정부의 단기 대책 때문이다. 정부가 강경 일변도로 돌아서기 시작하자 당시 비트코인 가격이 500만 원에서 2500만 원까지 올랐다.

또한 정부가 시장의 건전한 환경을 조성하는 것이 아니라 가격 자체에 개입하려다 보니 정보 비대칭성이 생겼다. (정부가 규제 경고를 통해) 시장에 개입하려는 것 자체가 누군가에게 기회가 되고 투명성을 저해한다. 직접 개입의 위험성이다.

비례성은 정부 정책이 누군가에게만 특혜를 줘서는 안 되고 모든 국민에게 똑같이 적용돼야 한다는 것이다. 법무부는 암호화폐에 뛰어든 국민들은 투기꾼으로 몰고 자본은 산업 자본으로 흘러야 한다고 본다. 그러나 어느 쪽이든 미래를 똑같이 보고 투자하고 있다. 정부는 암호화폐 거래를 불법으로 규정하면서 코스닥은 키우려는 대책을 발표한다. 이러한 정부의 정책적 지향점은 암호화폐 분야에 투자하는 국민으로 하여금 좌절감에 빠지게 한다.

이 외에 신기술 분야 정책에서는 새로운 실험과 시도를 장려하는 쪽으로 가야 한다.

Q 업계의 대안은 무엇인가?

A (시장을) 이대로 두자는 것은 아니다. 1년 반 전부터 규제를 빨리해야 한다고 외쳤다. 그래야 장기적인 규제가 된다. 그 당시 말했던 것이 일본식 건전성 규제다. 실질적으로 투자자를 보호하고 새로 생긴 시장을 건전하게 육성해야 한다. 육성까지는 아니더라도 건전하게 갈 수 있어야 한다.

일본의 경우 2016년 4월에 「자금결제법」을 개정해서 암호화폐를 재산상의 가치가 있는 결제 수단으로 간단하게 정의했다. 재화나, 화폐냐, 금융 상품이냐의 논란 없이 재산상 가치를 지니면서 결제 수단으로 쓰일 수 있다고 본 것이다. 그 후 2017년 4월 암호화폐 거래소를 금융청에 등록시키고 관리하고 있다. 우리도 거래소에 대한 국민들의 의혹, 투기 조장 등의 문제점이 많기 때문에 금융감독원이 관리할 수 있도록 법 개정이 이뤄져야 한다. 실제로 관련 법안이 상정돼 있는 상태다.

Q 가상화폐에 대한 중장기 제언을 부탁한다.

A 「전자금융거래법」이 상당히 오래됐다. 「전자금융거래법」이 시효를 다했음을 보여주는 단편적인 예는 전자화폐 발행업자 등록이 한 건도 없다는 점이다. 따라서 다른 나라처럼 「자금결제법」을 만들어야 한다. 그래서 블록체인뿐 아니라 삼성 페이나 구글 페이 등 새로운 지급 결제 수단에 대해서도 선제적으로 대응해야 한다.

4차 산업혁명 시대에 사물인터넷을 기반으로 등장하게 될 '기계 대 기계'의 거래에 대한 규제 입법의 모범 사례가 될 수 있도록 선제적으로 「자금결제법」을 만들 필요가 있다.

세계가 급변하고 있다. 단적으로 유럽연합(EU)은 2018년 1월 1일부터 결제서비스 지침(PSD2)을 시행 중에 있다. 이에 따르면 EU의 모든 은행은 제3자 금융 서비스를 위해서 과거 통신망이나 인터넷망처럼 은행망을 공개해야 한다. 이처럼 은행망을 중립화해서 새로운 산업과 금융 서비스들이 소비자 중심으로 움직이게 하는 실험을 시작했다. 우리도 법과 규제에 발목 잡혀 새로운 기술을 받아들이지 못하게 하는 일이 없어야 한다. 가상화폐에 대한 부작용을 최소화하면서, 가상화폐의 잠재력을 경제 성장 엔진으로 삼을 수 있기를 바란다.

가상화폐가 펼칠 미래를 선점하라!

Q 가상화폐가 금을 대체할 수 있을까?

A 가상화폐를 만든 사람들이 가상화폐가 향후 금이나 기축통화가 될 것이라고 말하지 않았다. 오히려 그런 업체가 있다면 당국이 유사수신으로 현행법에 따라 처벌해야 한다.

2017년 10월 크리스틴 라가르드 국제통화기금(IMF) 총재는 앞으로 국가들은 하나의 화폐가 아닌 여러 화폐를 사용할 것이라고 말했다. 이미 캄보디아는 자국 통화와 달러를 함께 쓰는 '달러라이제이션(dollarization)*'을 하고 있다. 앞으로는 달러가 아니라 디지털 화폐를 함께 사용하게 될 것이라는 것이 라가르드의 견해다. 여기에 대비해야 한다.

정부는 규제를 하면 가상화폐를 승인하는 의미로 받아들여질 수 있다고 보고, 그동안 규제를 미뤄왔다. 당국은 규제는 하되 권위를 인정하지 않는다는 경고와 함께 행위에

> **달러라이제이션(dollarization)**
> 미국이 아닌 국가에서 미국의 달러화를 자국의 공식 통화로 사용하는 것이다. 달러라이제이션은 만성적으로 높은 인플레이션에 시달리거나 고질적으로 외환위기를 겪는 개발도상국과 체제 전환국을 중심으로 나타나는 현상이다. 대부분 심한 경제위기를 겪은 후 경제 불안에 대한 해소책으로 달러라이제이션이 논의된다.

국제 무대에서 우리의 가상화폐 정책이 핵심 금융 거래
기반이 될 수 있도록 힘과 지혜를 모아야 한다.

대한 규제를 명확히 해야 한다.

화폐로서가 아니라 데이터의 가치를 봐야 한다. 기축통화를 주
장하는 암호화폐는 단속을 강화해야 한다. 국부 유출이 걱정된다
면 오히려 ICO 금지를 풀어야 한다. 국제 무대에서 우리의 가상화
폐 정책이 핵심 금융 거래 기반이 될 수 있도록 힘과 지혜를 모았
으면 한다.

Q 가상화폐 버블 논란에 대해서는 어떻게 생각하는가?

A 모든 버블이 다 꺼지는 것은 아니다. 거품이 꺼진 '튤립 버블'
도 있지만 나스닥의 '닷컴 버블'은 버블이 꺼진 후 15년이 지나서

다시 그 수준을 회복했다. 닷컴 열풍 당시 나스닥의 기술주 시가총액이 6조 8000억 달러였다. 미국의 명목 국내총생산(GDP)의 65.5%였다. 기술주는 거품이 꺼졌다가 옥석 가리기 후 다시 오르고 있고, 이들이 실물 경제에서 차지하는 비중이 커지고 있다.

아예 꺼지지 않는 '골드 버블'도 있다. 1971년 8월 15일에 미국 닉슨(Richard Nixon) 대통령이 금태환을 중지하며 브레턴우즈 체제*가 힘을 잃은 직후부터 1980년까지 10년 동안 미국의 금값이 올랐다. 비트코인 그래프와 놀라울 만큼 닮아있다. 금은 원자재로서의 가치만 있다가 1971년에 새로 태어난 것으로 볼 수 있다. 현재의 금 가격은 최고까지 올랐다고 여겼던 1980년대보다 높다.

어떤 것의 가치가 있다 없다를 시장에서 함부로 예단해서는 안 된다. 비트코인도 크게 올랐다 거품이 꺼졌고, 2015년부터 다시 오르고 있다. 2018년 들어 가격이 폭등하다 보니 규제 당국이 놀랐다. 시장 반응을 잠재울 필요는 있지만, 규제 당국이 가상화폐의 가치가 '제로(0)'가 된다고 말하는 순간 시장에 개입하는 것이다. 어떤 버블인지, 무엇을 유의해야 하는지 객관적인 입장에서 차분하게 이끌어줄 필요가 있다.

> **브레턴우즈 체제**
> **(Bretton Woods System)**
> 제2차 세계대전에서 승리하고 세계 경제의 중심국으로 우뚝 선 미국은 전쟁이 끝날 무렵인 1944년 7월, 44개 연합국 대표를 미국 뉴햄프셔주 브레턴우즈로 불렀다. 여기서 미국은 달러를 기준으로 하는 금본위제도를 도입하고, 이 국제통화 제도를 관장하는 기구로 국제통화기금(IMF)과 세계은행(WB)을 설립하는 내용의 합의를 이끌어냈다. 브레턴우즈 체제를 시작으로 달러화는 명실상부 기축통화로 올라섰다. 1971년 닉슨 대통령이 더는 달러를 금으로 바꿔줄 수 없다고 선언하면서 브레턴우즈 체제는 막을 내렸다.

제2의 '부테린', '마윈 베이비'를 허하라!

————— **가상화폐 부정하면 글로벌 통화 질서에서 낙오**

가상화폐는 '디지털 전환(digital transformation) 시대'의 새로운 글로벌 디지털 화폐다. 가상화폐를 부정하면 새롭게 형성되는 국제 통화 금융 질서에서 낙오하는 결과를 초래할 것이다.

일본 정부와 미국 주(州)은행감독협의체(CSBS)는 가상화폐를 가치를 저장할 수 있는 거래 수단은 물론 회계 단위로서 기능할 수 있는 화폐로 인정하고 있다. 가상화폐 사용이 점차 확산되는 점도 주목해야 한다. 앞으로 5년 정도면 가상화폐의 상당 부분이 상용화될 것이라는 분석 보고서들이 속속 나오고 있다.

국제결제은행(BIS)은 "세계 각국의 중앙은행들은 가상화폐의 성장세를 더는 무시해서는 안 된다"며 "디지털 화폐의 특성을 파악하고 직접 발행할지를 결정할 필요가 있다"고 밝혔다. 영란은행에 이어 미국 연방준비제도(Fed) 등 세계 여러 중앙은행들이 가상화폐 발행을 준비하고 있다. 한국은행도 하루빨리 가상화폐 개발을 준비하고, 민간 발행 코인과 중앙은행 코인이 공존하는 시대의 통화 정책을 연구해야 한다.

─────　　　　　　**P2P, 블록체인, 가상화폐는 삼위일체**

P2P, 블록체인, 가상화폐는 서로 떼어 놓을 수 없는 삼위일체다. 블록체인은 육성하면서 블록체인 거래를 금융 면에서 종결짓는 가상화폐를 부정하면, 결국 블록체인 산업이 글로벌 경쟁력을 갖출 수 없게 된다. 이는 한국의 4차 산업이 낙후하는 결과를 초래할 것이다.

현재 비트코인 같은 공개형(퍼블릭) 블록체인의 경우, 10분 단위로 전 세계 모든 참가자들의 거래 내역을 블록으로 만들어 체인으로 연결한다. 그리고 블록을 모든 참가자들이 공유하는 작업이 컴퓨터 네트워크상에서 이루어지고 있다. 이러한 작업에는 엄청난 컴퓨팅 파워가 필요하고, 컴퓨터 가동에 많은 전기가 사용되며, 전문 인력도 필요하다. 보상이 주어지지 않으면 아무도 블록체인을 만들려고 하지 않을 것이다.

블록체인을 만드는 것에 대한 보상이 가상화폐다. 현재는 하나의 블록체인을 만드는데 12.5 비트코인이 주어지도록 프로그램이 가동되고 있다. 이 과정이 '채굴'이라고 하는 가상화폐 발행 과정이다. 보상으로 주어지는 가상화폐는 거래소에 바로 등록되어 거래가 이루어진다. 가상화폐를 규제하고, 가상화폐를 무용지물로 만든다면 자연히 블록체인 산업은 고사된다.

블록체인과 가상화폐 산업이 육성되면 국제 송금, 무역 결제 등에서 시간이 단축되고 비용이 감소해 거래 효율성이 획기적으로 높아져 무역 증진에도 크게 기여할 것이다.

이미 많은 무역 관련 기업들이 블록체인과 가상화폐라는 새로운 기술을 적극 활용하고 있다. 미국의 R3라고 하는 블록체인 회사는 100여 개의 세계 금융회사들을 회원으로 한 국제 송금 시스템을 개발했다. R3가 국제 송금 시스템의 결제에 가상화폐 '리플'을 사용할 것이라고 밝히며 2017년 리플 가격이 폭등했다. 세계적인 해운사 머스크는 IBM과 협력해 글로벌 물류 블록체인과 그에 사용될 가상화폐를 개발한다고 발표했다.

───── **거품을 없애려고 성장 씨앗까지 없애진 말아야**

투기를 근절하기 위해 가상화폐 거래소를 폐쇄하는 것은 옳지 못하다. 만일 가상화폐 거래소를 폐쇄하면, 한국 투자자들이 외국으로 나가게 되어 엄청난 외화 유출을 초래할 수도 있다.

영란은행은 가상화폐를 사용할 경우 거래 비용이 획기적으로 감축돼 국내총생산(GDP)이 3% 늘어날 것이라는 분석 보고서를 내놓기도 했다.

글로벌 메신저 서비스인 텔레그램은 2018년 2월 ICO를 통해 가상화폐 '텔레그램오픈네트워크(TON)'를 발행, 8억 5000만 달러(약 9187억 원)를 조달했다.

　　지금 한국이 가장 먼저 해야 할 일은 가상화폐가 화폐인지 상품인지 실체를 규명하는 일이다. 이를 토대로 일본처럼 해킹 방지 시설, 고객 신원 확인 시스템, 자금 세탁 방지 시스템을 갖춘 우량 거래소만 거래를 하도록 하는 등 투자자들을 보호하는 건전한 투자 생태계를 구축해야 한다. 무조건 금지는 4차 산업혁명의 핵심 산업인 블록체인 산업도 고사시켜, 한국을 4차 산업혁명에서 낙오시키는 결과를 초래하게 될 것이다. 범죄 행위는 근절하되 투자와 거래의 안전성과 신뢰성을 제고해 투자자도 보호하고 4차 산업혁명도 차질 없이 추진하는 전향적인 방향으로 나아가야 한다.

ICO는 벤처 스타트업 기업들이 엔젤 투자자나 벤처캐피털 회사들에 사업 계획을 설명하고 투자를 받는 것과 유사하다. 다만 블록체인 기반의 가상화폐로 투자를 받는다는 점만 다르다. 원금 보장이나 수익을 내주겠다고 약속하고 자금을 모으는 유사수신 행위와는 본질적으로 다른 행위다.

ICO를 규제하면 벤처기업들의 창업 생태계가 악화되어 4차 산업혁명의 추진력을 잃을 수 있다. 금지보다는 일반 투자자들도 ICO에 참여할 수 있게 가상화폐 평가 시스템을 구축하도록 정부가 지원하는 등 공시(公示) 기능을 강화하는 방향으로 나가는 것이 바람직하다.

——— 제2의 '비탈릭 부테린'을 바란다면

2017년 12월 13일 정부는 고교생 이하의 미성년자와 외국인 등 비거주자는 가상화폐 거래 계좌 개설과 거래를 할 수 없도록 했다. 청소년들이 가상화폐에 무분별하게 투자해 생기는 부작용을 막는 것은 필요하다. 하지만 어린 시절부터 디지털 문화에 익숙한 '디지털 원주민'인 10~20대를 디지털 문화에 익숙하지 않은 '디지털 이주민'인 50~60대의 잣대로 재단해서는 안 된다. 청소년들이 가상화폐에 접근하는 것을 원천 봉쇄한다면 한국에서는 제2, 제3의 '비탈릭 부테린'이 나오지 말라는 것과 같다. 가상화폐 시가총액 세계 2위의 이더리움(코인마켓캡 2018년 3월 19일 기준, 시가

마크 저커버그, 마윈 등 젊은 억만장자 창업자들을 롤모델로 삼고 자란 디지털 원주민 세대들이 4차 산업혁명을 이끌고 있다(왼쪽부터 마크 저커버그, 마윈, 비탈릭 부테린).

총액 520억 2944만 달러)은 비탈릭 부테린이 대학에 입학하기 전에 만들었다.

페이스북을 창업한 마크 저커버그(Mark Elliot Zuckerberg), 구글을 창업한 래리 페이지(Larry Page) 등이 20대에 억만장자 대열에 오르면서, 수많은 청년들을 꿈꾸게 했다. 알리바바의 마윈(馬雲) 신드롬으로 탄생한 수많은 '마윈 베이비'들이 중국의 IT 혁신을 이끌고 있다. 한국에서도 이런 디지털 원주민 세대의 스타들이 나올 수 있도록 성원하고 지원해야 한다. 모든 것이 불확실한 환경에서 '선개발, 선투자'한 혁신적인 기업가들에 대한 보상에 인색한 국가는 혁신 국가가 될 수 없다. 다만 무분별한 투자에 따르는 부작용을 막기 위해 부모 동의하에 계좌를 개설하는 정도로 규제하는 것이 바람직하다.

─────────── **가상화폐로 '금융 포용' 실현**

가상화폐는 오히려 부패 방지에 기여하게 될 전망이다. 은행업은 중세 르네상스시대에 글로벌 무역에서 막대한 금은보화를 축적한 이탈리아 베네치아, 피렌체 상인들이 금은 보관 증서를 유통하며 시작됐다. 은행은 보관한 금 가운데 지급준비금만 남겨두고 더 많은 증서를 발행하는 방식으로 엄청난 부를 축적해 왔다. 그런 과정에서 자연스럽게 정경유착의 '부패 고리'가 형성되었다.

　이러한 부의 축적 과정은 현대의 금융그룹도 예외가 아니다. 예를 들어 은행의 지급준비율이 10%고, 중앙은행이 100억 원의 실제 화폐를 찍어냈다고 가정해보자. 100억 원의 실제 화폐 가운데 은행이 50억 원을 받아서 지급준비금으로 넣어두면, 은행은 총 500억 원을 시중에 대출 형태로 풀 수 있다. 중앙은행이 지급준비율을 어떻게 조절하느냐에 따라 통화량과 더불어 금융그룹의 이익이 달라진다. 이런 과정에서 부패의 고리가 형성될 수 있다.

　관치금융이 심한 나라일수록 언제나 정경유착이 심각하다. 거대 금융그룹의 과도한 탐욕은 2008년 글로벌 금융위기를 초래해 세계 경제를 강타하기도 했다. 가상화폐는 이러한 관치금융과 정경유착의 부패 고리인 금융업의 중개가 필요 없다. 블록체인이라

제도권 금융의 혜택을 받지 못하고 있는 수많은 사람들도 모바일폰을 가지고 있다. 가상화폐는 제도권 금융에서 소외된 전 세계 수십억 인류를 디지털화되고 탈중앙화된 첨단 금융 시스템에 접근할 수 있도록 도울 수 있다.

는 신뢰 시스템을 기반으로 한 쌍방 거래는 부패 문제를 획기적으로 감소시킬 것이다.

뿐만 아니라 가상화폐의 출현이 경제의 효율을 획기적으로 증진시켜 새로운 부를 창출함은 물론, 많은 사람들을 중앙화된 엘리트 중심의 금융 권력으로부터 자유롭게 할 전망이다. 가상화폐가 범죄에 악용될 것이라는 우려도 있으나 이는 현재 세계적으로 논의되고 있는 '고객 신원 확인', '자금 세탁 방지' 강화로 상당 부분 해결될 수 있을 것으로 보인다.

더 나아가 가상화폐는 '금융 포용(금융에서 소외된 사회적 약자에게 금융 서비스를 이용할 기회를 제공하는 것)'의 확산에도 기여하고 있다. 중국, 서남아시아, 중동, 아프리카 등지에 있는 25억 명 정도의 인류는 아직도 은행 계정을 갖지 못하고 있다. 당연히 이들은 제도권 금융의 혜택을 받지 못하고 경제적 궁핍을 운명처럼 받아들이고 살아가고 있다.

그런데 이들도 상당수는 모바일폰을 가지고 있다. 금융 제도에 접근하지 못하고 있는 25억 인류에게, 모바일폰을 통해 비트코인을 전송해 새로운 삶의 기회를 제공할 수 있다. 실제로 전 세계 30만 명이 참여하고 있는 미국의 한 아트그룹은 은행 계정이 없는 아프가니스탄 여성들에게 모바일폰으로 비트코인을 송금해 그들의 교육을 돕는 프로그램을 운용하고 있다. 이 프로그램을 통해 약 5만 명의 아프가니스탄 여성들이 혜택을 보고 있다.

이처럼 가상화폐는 제도권 금융에서 소외된 전 세계 수십억 인류를 디지털화되고 탈중앙화된 첨단 금융 시스템에 접근할 수 있도록 도울 수 있다. 가상화폐는 이들의 삶을 획기적으로 변모시키는 새로운 사회 조직 시스템으로서 역할을 하는 등 날로 진화하고 있다.

오정근 한국금융ICT융합학회 회장

4차 산업혁명 신뢰의 키, 블록체인

비트코인, 이더리움, 가상화폐. 이 모두는 블록체인으로 수렴된다. 블록체인은 말 그대로 블록을 체인으로 연결한 구조다. 모든 거래 내역은 시간별로 정렬하여 블록에 저장되고 각각의 블록은 서로 체인으로 연결되어 있다. 최초 블록부터 현재 블록까지 한 번 생성된 블록은 변경, 삭제되지 않는다. 글로벌 시장조사기관 가트너(Gartner)는 블록체인을 '2018년 10대 트렌드'로 선정했으며 기술의 잠재적 가치를 높이 평가하고 있다.

　블록체인은 참여 네트워크의 성격, 범위 등에 따라 여러 가지 형태가 존재하고 용도에 맞게 응용이 가능하다. 블록체인을 유형별로 보면, 퍼블릭(공개형) 블록체인과 프라이빗(폐쇄형) 블록체인으로 나뉜다.

블록체인은 디지털 환경에서 참여자 간
신뢰 프로세스를 분산 구조로 재설계함으로써
신뢰성을 극대화한다.

퍼블릭 블록체인은 공개형으로 누구나 참여할 수 있는 블록체인이다. 하지만 검증되지 않은 다수의 사용자가 참여하므로 고도화된 암호화 검증이 필요하여 네트워크의 확장이 어렵고 속도가 느리다. 현재 비트코인, 이더리움 등 주요 가상화폐가 퍼블릭 블록체인 형태로 운영된다.

프라이빗 블록체인은 익명성을 제공했던 퍼블릭 블록체인과 달리 주체의 식별이 가능하다. 또한 거래의 처리 속도가 빠르며 네트워크 확장이 용이하여 사용자가 원하는 대로 커스터마이징* 할 수 있다. 금융 서비스에 적합한 특성 탓에 최근 기업과 은행권의 관심을 모으고 있다. 프라이빗 블록체인은 소유자가 블록체인을 생성하고 관리하므로 중앙 시

커스터마이징(customizing)
'주문해서 만들다'는 의미의 'customize'에서 온 말로, 이용자가 사용 방법과 기호에 맞게 하드웨어나 소프트웨어를 설정하거나 기능을 변경하는 것이다.

스템처럼 관리하고자 할 경우 적합하다.

한편, 블록체인의 패러다임은 크게 세 단계로 구분된다. '블록체인 1.0'은 화폐의 성격을 띤 비트코인이 활용되는 단계이며 '블록체인 2.0'은 스마트 콘트랙트를 중심으로 혁신 도구로서 블록체인이 활용되는 단계다. 스마트 콘트랙트는 계약 자체가 컴퓨터 코드로 프로그래밍되어 있어 지정된 조건이 되면 자동 이행되는 규약을 의미한다. 마지막으로 '블록체인 3.0'은 블록체인이 다양한 산업의 애플리케이션으로 활용되는 단계다. 현재는 블록체인 2.0이 진행 중인 단계로 볼 수 있다.

———   **무한 가능성의 블록체인**

가상화폐는 블록체인의 응용 사례 중 극히 일부다. 가상화폐는 법정통화의 문제점을 극복하려는 도전 정신에서 시작되었다고 볼 수 있다. 법정통화와 연동을 통해 활성화를 시도하려는 노력도 계속되고 있다. 가상화폐는 건전한 활용을 통해 그 가치를 충분히 인정받을 수 있다.

그러나 가상화폐만으로 오해되고 있는 블록체인 기술은 아직 그 실체가 드러나지 않은 빙산의 일각이다. 블록체인 기술의 폭넓은 활용과 기술 혁신을 통해 새로운 시장을 창출하고 확대할 가능성과 기회는 아직 그 모습을 드러내지 않고 있다.

블록체인은 4차 산업혁명을 기반으로 한 지능 정보 사회의 근간이 될 것이다. 지능 정보 사회에서는 연결과 융·복합이 요구되며 이를 위한 신뢰 프로토콜이 필수적이다. 블록체인은 바로 이 신뢰 프로토콜을 구현하는 기술이다.

블록체인은 디지털 환경에서 참여자 간 신뢰 프로세스를 분산 구조로 재설계함으로써 신뢰성을 극대화한다. 기술·산업 간 융·복합 가속화로 산업 경계가 파괴되고 제품과 서비스가 결합되는 시대로 전환되고 있다.

블록체인 기술의 본질은 신뢰성과 투명성에 있다. 모든 사회, 경제, 정치 시스템은 신뢰의 문제에서 시작하여 신뢰의 문제로 끝난다. 신뢰가 구축되지 못한 사회에서는 가치 교환 시스템이 작동하지 않고 더불어 국가도 성장하지 못한다. 즉 신뢰의 기술인 블록체인은 사회 경제의 토대를 재구축하는 혁신 기반이 될 것이다.

금융 분야를 중심으로 시작된 블록체인 기술 활용의 물결은 이제 금융 산업을 넘어 제조업, 공공서비스 부문 등 사회 전 영역으로 확산되고 있다. 블록체인 기술이 모든 사회 문제를 해결해 주는 만병통치약은 아니다. 또한 블록체인 시스템의 확장성 및 안전성 등에 대해 비판적인 의견도 여전히 존재한다. 블록체인 기술이 보편적으로 적용되기에는 아직도 현실적인 기술 검증이 필요하다. 따라서 정부의 적극적인 리더십과 산업 활성화 정책이 요구되는 때다.

민경식 한국인터넷진흥원 블록체인확산팀장

블록체인 경제의
필수 지불 수단

현재의 가상화폐 관련 논쟁을 보면 생산적인 논쟁보다는 소모적인 논쟁에 치우치는 것 같아 안타까운 마음이 든다. 가장 중요한 가상화폐 논쟁의 본질에는 ICO 전면 금지가 존재한다. 우리 정부는 2017년 9월부터 ICO를 전면 금지했다. 당시만 해도 가상화폐가 세간의 관심을 받기 전이었고, 대부분의 가상화폐 전문가들은 반대하고 있었다. 가상화폐 광풍이 일면서 논쟁은 가상화폐 시장이 투기냐 투자냐의 논쟁으로 빠져들게 되었고, 결국에는 법무부장관의 입에서 가상화폐를 돌덩이로 치부하는 사태까지 오게 되었다.

가상화폐와는 별도로 블록체인 활성화는 정부 차원에서 추진하고 있는 실정이다. 이 모든 논쟁의 해결은 가상화폐와 블록체인의

우리나라는 대형 가상화폐 거래소의 하루 거래 금액이 한때 10조 원에 달할 정도로 가상화폐에 대한 관심이 뜨겁지만, 중국과 함께 ICO를 전면 금지한 나라이기도 하다.

관계를 수립함으로써 해결할 수 있다. 가상화폐와 블록체인을 분리할 수 있으면 현재의 정부 정책도 하나의 대안이 될 수 있지만, 가상화폐와 블록체인을 분리할 수 없으면 가상화폐 관련 정부의 정책 기조는 처음부터 다시 짜야 한다.

결론적으로 가상화폐와 블록체인은 분리할 수 없다. 가상화폐는 단순히 퍼블릭 블록체인의 안전성을 유지하는 데 필요한 채굴자들의 인센티브로서 역할만 가지고 있다고 생각해서는 안 된다. 가상화폐의 필요성을 좀 더 깊이 이해하기 위해서는 '암호 경제 또는 블록체인 경제'를 이해해야 한다. 현재의 중앙 집중화된 경제 시스템이 블록체인 기술을 활용하여 탈중앙화된 P2P 경제 시스템으로 전환되고 있는 것은 전 세계적 추세다.

'블록체인 경제'란 탈중앙화된 P2P 경제를 의미한다고 볼 수 있다. 아마도 한 번쯤 들어 봤을 '스마트 계약'이나 '스마트 자산' 등이 블록체인 경제를 구성하는 요소들이다. 결론적으로 가상화폐의 기본적 기능은 블록체인 경제에 절대적으로 필요한 탈중앙화된 P2P 지불 수단이다. 특히 스마트 자산의 표현 수단 등 많은 확장 요소를 가지고 있다.

암호 경제에서 가상화폐의 효율적인 지불 수단으로서의 역할은 퍼블릭 블록체인이나 프라이빗 블록체인이나 모두 동일하다. 따라서 ICO를 전면 금지하면서 블록체인 활성화를 추진하는 정부 정책은 '이상한' 정책이다. 가상화폐와 블록체인은 분리할 수 없으므로 블록체인 활성화를 추진하는 정부는 필연적으로 가상화폐의 활성화를 병행해야 한다. 그리고 가상화폐의 활성화를 위해서는 ICO 전면 금지 정책부터 철회해야 한다.

한편으로는 ICO와 가상화폐 거래소의 부작용을 방지하기 위해, 활성화의 장애 요인으로 작용하지 않는 범위 내에서 합리적이고 강력한 규제를 만들어야 한다. 이를 위해 ICO와 거래소를 조속히 제도권으로 편입해야 한다.

가상화폐의 기본적 기능은 블록체인 경제에 절대적으로 필요한 탈중앙화된 P2P 지불 수단이다.

블록체인이 '제2의 인터넷'이라는 것과 4차 산업혁명의 핵심 기반 기술이라는 데에는 대부분 공감하는 것 같다. 우리는 인터넷 강국이 된 경험을 살려 블록체인 강국이 되어야 한다. 가장 중요한 사실은 가상화폐와 블록체인은 상호 분리할 수 없는 불가분의 관계라는 정확한 인식하에서 출발해야 한다는 것이다.

필자는 더 큰 틀에서 가상화폐와 블록체인의 중요성에 비춰 대통령 직속의 블록체인위원회 설립을 제안한다. 미래 블록체인 강국이 되기 위한 전략 수립 및 정책 시행의 컨트롤 타워, 그리고 일자리위원회 및 4차산업혁명위원회 등과 긴밀한 협력 관계 구축 등을 위해서 말이다.

일자리위원회는 현재의 일자리 창출 전략과 더불어 가상화폐와 블록체인 기술을 이해하고, 고비용 창업 생태계를 블록체인 기반 저비용 창업 생태계로 혁신하는 유연한 사고를 해야만 한다. 4차 산업혁명위원회는 미래 세상의 핵심 인프라인 블록체인 기술을 활용한 새로운 산업혁명 정책을 추진해야 한다.

특히 가상화폐 관련 국민 청원은 현재 정부의 잘못된 가상화폐 정책 기조를 바꿀 수 있는 마지막 기회로 삼고 받아들여야 한다. 이번에도 가상화폐와 블록체인을 분리할 수 있다는 잘못된 정책 기조를 유지한다면 큰 우를 범하는 것이다.

문재인 정부의 '공정하고 신뢰하며 함께 더불어 잘 사는 나라'를 만드는 일은 구호가 아닌 기존의 방식을 탈피하는 데에서 출

GENERAL JACKSON SLAYING THE MANY HEADED MONSTER.

미국 7대 대통령 앤드류 잭슨은 1835년 연방중앙은행의 설립 연장을 거부함으로써 거대 연방정부의 상징이던 연방은행 체제를 무너뜨렸다. 이후 1913년까지 미국은 중앙은행이 없었다. 풍자화에서 연방은행은 수많은 머리가 달린 '히드라'처럼 묘사됐다. 블록체인은 미래 기반 기술로 중개자 없이 거래하자는 탈중앙화에 대한 고민과 꿈으로부터 시작됐다.

발해야 한다. 우리는 블록체인 기술을 활용하면 그러한 나라가 될 수 있다는 가능성을 보고 있기 때문이다.

박성준 동국대학교 블록체인연구센터장

가상화폐 전쟁

초판 1쇄 발행 ㅣ 2018년 5월 10일

지은이 ㅣ 비즈니스워치 편집국
펴낸이 ㅣ 이원범
기획·편집 ㅣ 김은숙
마케팅 ㅣ 안오영
표지 디자인 ㅣ 강선욱
본문 디자인 ㅣ 김수미

펴낸곳 ㅣ 어바웃어북 about a book
출판등록 ㅣ 2010년 12월 24일 제313-2010-377호
주소 ㅣ 서울시 마포구 양화로 56 1507호(서교동, 동양한강트레벨)
전화 ㅣ (편집팀) 070-4232-6071 (영업팀) 070-4233-6070
팩스 ㅣ 02-335-6078

ⓒ 비즈니스워치, 2018

ISBN ㅣ 979-11-87150-39-8 03320

* 이 책은 어바웃어북이 저작권자와의 계약에 따라 발행한 것이므로
  본사의 서면 허락 없이는 어떠한 형태나 수단으로도 책의 내용을 이용할 수 없습니다.
* 잘못된 책은 구입하신 서점에서 바꾸어 드립니다.
* 책값은 뒤표지에 있습니다.

위기를 조장하는 이코노미스트들의 위험한 선택
샤워실의 바보들

안근모 지음 | 16,000원

**정부와 중앙은행의 위험천만한 화폐 실험이
경제를 통제 불능의 괴물로 만들고 있다!**

중앙은행은 시장을 지배하는 신(神)이기를 자처했고, 시장은 그러한 신의 계시를 맹목적으로 따랐다. 그 결과 시장은 거품과 붕괴, 인플레이션과 디플레이션이 끝없이 반복되고 있다. 국내 유일의 '중앙은행 관찰자'(central bank watcher)로 불리는 저자는 정부와 중앙은행에 대한 비판적인 시각을 견지하며 금융위기 이후 주요국의 재정과 통화 정책, 그리고 경제를 한 편의 다큐멘터리처럼 생생하게 재연하고 있다.

생각의 틀을 바꾸는 수數의 힘
숫자의 법칙

노구치 데츠노리 지음 | 허강 옮김 | 15,000원

**설득력과 논리력, 사고력과 판단력을 키우는 열쇠는
당신이 수(數)에 얼마나 밝은가에 달렸다!**

이 책에 담긴 49가지 숫자의 법칙들은, 이름만 대도 알만한 업계의 고수들이 오랜 세월 경험을 통해 체득한 비즈니스 묘수들을 수치로 풀어낸 것이다. 그들은 하는 일마다 꼬이고 난관에 부딪혀 어찌해야 할지 막막할 때마다 뜻밖에도 숫자에서 그 혜안을 찾았다. 그 탁월하고 비범한 숫자의 법칙들이 이 책 안에 빼곡히 담겨 있다.

바로 지금! 이 순간을 지배하는 이슈들
오늘의 랭킹

한국비즈니스정보 지음 | 김성규 일러스트·인포그래픽 | 15,000원

**돈, 권력, 직업, 관계, 명예, 지식, 문화 심지어 사소한 일상까지
우리도 모르는 사이에 세상의 모든 것들에 순위가 매겨진다!**

세상물정이 한눈에 보이는 156가지 파워 랭킹들!
이 책은 3,000개가 넘는 키워드와 이슈, 인물들을 156가지 리스트로 나누어 각각의 순위를 탐사한다. 아울러 해당 키워드와 이슈들에 담긴 사회적·경제적 함의를 통찰함은 물론, 그들의 역사적 배경까지 친절하게 소개함으로써 독자들이 시사와 교양의 시야를 넓히도록 돕는다.

| 어바웃어북의 회계와 공시·경영전략 도서 |

기초에서 고급까지 한 권으로 끝내는

이것이 실전회계다

김수헌, 이재홍 지음 I 20,000원

비즈니스의 흐름이 읽히고 투자의 맥이 짚이는
실전회계 수업이 시작된다!

이 책은 회계입문서이자 중고급 회계로 도약 할 수 있는 디딤돌 역할
을 한다. 금융자산, 지분법, 스톡옵션, 리스, 환율, 연결재무제표와 같
은 어려운 주제들도 저자들의 탁월한 직관과 명쾌한 언어로 가공되어
완벽한 실전회계, 감칠맛 나는 썰전(舌戰)회계로 다시 태어났다!
— 고려대학교 경영대학 이한상 교수의 추천사

기업 경영에 숨겨진 **101가지 진실** 개정증보판

김수헌 지음 I 20,000원

공시의 효용성을 일깨운 국내 최고의 '공시 교과서'
최신 사례와 경영의 새로운 흐름을 담아내며 진화!

기업이 주식시장에 데뷔(상장)해서 퇴장(상장폐지)하는 일련의 흐름
속에서 자금 조달, 구조 조정, 경영권과 지배 구조 개편, 이익 분배 등
에 관한 주요 공시를 분석한다. '반도체 회로보다 복잡한 롯데의 출자
구조 정리법', '대한전선이 같은 날 무상감자와 유상증자라는 상반된
두 개의 공시를 낸 이유', 'LG유플러스가 왜 6687억 원 규모의 자사주
를 소각했고, 회사의 결정에 투자자들은 주가로 화답했는지' 등 흥미
롭고 중요한 140개의 사례를 통해 공시를 쉽게 설명한다.

경영 전략과 투자의 향방이 한눈에 보이는

기업공시 완전정복

김수헌 지음 I 20,000원

'경영의 축소판' 공시 속에 기업의 행로가 있다!
베일에 싸인 경영 전략과 의사 결정의 핵심부를 낱낱이 분석한다!

기업의 경영 활동에 대한 가장 빠르고 정확한 정보를 얻을 수 있는 채
널 '공시'! 공시에는 경영 전략과 주가의 향방을 알려주는 알토란 정
보가 담겨 있다. 이 책은 최신 사례를 바탕으로 기업공시에 담긴 정보
의 무게와 파급력을 가장 명확하게 전달하고 있다.